ISBN 978-3-945543-19-1

Gestaltung, Satz und technische Umsetzung: Sabine Dohme, München
Herstellung: Peter Karg-Cordes
Druck & Bindung: Neografia, Martin

Besuchen Sie uns im Internet unter www.esverlag.de

Anita Brockmann
Sabine Durdel-Hoffmann

STARKE FRAUEN IM REVIER

Alles, nur nicht zimperlich

ELISABETH SANDMANN

INHALT

GRUGA-STUBEN

DORTMUNDER UNION

STARKE FRAUEN IM REVIER

Mutig und zäh. Mitdenkend und anregend. Fest entschlossen und unbeirrbar. Ausdauernd und tapfer. Standhaft und unerschütterlich. Vorausschauend und innovativ. Vor allem lebensklug und ohne Gewese um sich zu machen: Das sind die Frauen aus dem Ruhrgebiet. Sie sind einzigartig und dabei so unterschiedlich wie das Ruhrgebiet selbst facettenreich ist.

Essener Stiftsdamen führten beispielsweise ihr Stift schon in frühen Jahrhunderten selbstständig und politisch mächtig wie ein Wirtschaftsunternehmen. Nebenbei legten sie damit den Grundstein für die Entstehung der Stadt Essen. Sie hätten ihre Freude an einer wortgewandten Streiterin für den Glauben in der Gegenwart gefunden: Uta Ranke-Heineman nimmt im Kampf gegen verkrustete christliche Denkmodelle kein Blatt vor den Mund. Unternehmerinnen wie Louisa Catharina Harkort und Aletta Haniel übernahmen im 18. Jahrhundert Unternehmen und wagten Neuerungen zum Wohle von Familie und Allgemeinheit. Frauen der Krupp-Dynastie wie Margarethe und Bertha verhalfen Angestellten und Mitbürgern etwa zu Wohnraum und Krankenversorgung. Das erfolgreichste Kochbuch aller Zeiten hat eine gestandene Frau von der Ruhr Mitte des 19. Jahrhunderts geschrieben: Mit den zeitlosen Rezeptklassikern von Henriette Davidis zaubert man heute noch leckere Gerichte auf den Tisch.

Unerschrockene Frauen wie Thea Rasche oder Clärenore Stinnes überschritten zu Beginn des 20. Jahrhunderts Grenzen: Zu Lande und in der Luft pfiffen sie auf Konventionen und brachten die Gleichstellung der Frau in Flugzeug oder Auto ein gutes Stück voran. In der bildenden Kunst erwiesen sich die Malerinnen Ida Gerhardi und Gerta Overbeck als beherzte Vertreterinnen ihres Metiers und als einflussreiche Vermittlerinnen der modernen Kunst. Auf der Bühne wurden Darstellerinnen unterschiedlichster Couleur zum Sprachrohr des Reviers: Gerburg Jahnke verleiht ihrer Meinung im schönsten Ruhrdeutsch Ausdruck. Und woher stammte ein Weltstar wie Ruth Leuwerik? Richtig, aus Essen, Treffer. Apropos Treffer: Christa Kleinhans, Annike Krahn oder Alexandra Popp haben es geschafft, sich in die Herzen der Fußballfans zu schießen. Mutige Zeitungsverlegerinnen wie Anneliese Brost und eloquente Autorinnen wie Hatice Akyün traten und treten mit Herzblut nicht nur für die Freiheit des Wortes ein. Und Originale wie Emmy Olschewski, Auguste Kinski oder Elfriede Fey, ihres Zeichens Kiosk- und Kneipenbesitzerinnen, machen Herz und Seele des Ruhrgebiets aus.

Die Liste der Frauen, die das Ruhrgebiet geprägt haben, würde den Rahmen dieses Buches sprengen. Die Auswahl mag daher auch für alle starken Frauen im Ruhrgebiet stehen, die hier nicht berücksichtigt werden konnten – für Prominente ebenso wie für Heldinnen des Alltags.

Anita Brockmann & Sabine Durdel-Hoffmann

DIE GROSSMÜTTER DER INDUSTRIALISIERUNG

FRÜHE UNTERNEHMERINNEN UND FIRMENERBINNEN

Im 18. Jahrhundert war das Ruhrgebiet noch nicht das Ruhrgebiet, sondern weitgehend von Landwirtschaft und wie das übrige Deutschland von Kleinstaaterei geprägt. Die politische und wirtschaftliche Lage war aus unternehmerischer Sicht alles andere als einfach: Es gab keinen einheitlichen Absatzmarkt, da man mit unterschiedlichen Maßeinheiten, Zöllen und Währungen agierte, was die Waren verteuerte und den Transport erschwerte. Kriege, auch der benachbarten Großmächte, bargen die latente Gefahr, dass geplündert und zerstört wurde, was sich gerade erst im Aufbau befand, oder Expansions- und Exportpläne zunichte gemacht wurden. Andererseits begünstigten die Kriege die Nachfrage nach Munition und Geschützen, und für die Produktion von Eisen und Stahl wurde zunehmend auch Steinkohle attraktiv. Die Zahl der Hammerwerke und Zechen entlang der Ruhr wuchs. Mit der Schiffbarmachung der Ruhr in der zweiten Hälfte des 18. Jahrhunderts wurde ein bedeutender Transportweg erschlossen – die Produktion vor

Ort war ein Gebot der Stunde. Das für die frühe industrielle Produktion benötigte Kapital wurde in den meisten Fällen von den innovationswilligen und späteren Industriellenfamilien selbst aufgebracht. Diese entstammten häufig der ansässigen bürgerlichen Kaufmannschaft, die unter anderem davon profitiert hatte, dass die Häfen in Duisburg und Ruhrort sich bis zur Mitte des 18. Jahrhunderts zu zentralen Warenumschlagplätzen entwickelt hatten. In den preußischen Gebieten entlang der Ruhr hatte der Merkantilismus des Preußenkönigs Friedrich Wilhelm I. die regionale Wirtschaft gefördert. Die von ihm propagierten Tugenden Arbeitseifer, Sparsamkeit, Fleiß und Pflichttreue fielen bei den häufig im 16. und 17. Jahrhundert aus Holland hierher geflüchteten protestantischen Kaufmannsfamilien auf fruchtbaren Boden, entsprachen sie doch dem ethischen Verständnis ihrer Glaubenslehre. So wurde entlang der Ruhr die Grundlage für den wirtschaftlichen Aufstieg einiger zukunftsträchtiger Unternehmen gelegt. Vertreter der Folgegenerationen sollten sich im Zuge zunehmender Industrialisierung zu führenden Pionieren der Schwerindustrie entwickeln. Der Erfolg daraus entstehender Konzerne ist heute eng mit dem Namen der männlichen Nachfahren verwoben. Ohne deren Mütter und Großmütter wäre er jedoch nicht möglich gewesen. Sie waren es, die halfen, das notwendige Vermögen zu erwirtschafteten, und die ihre ausgedehnten Netzwerke pflegten. In der zweiten Hälfte des 18. Jahrhunderts hatten sie ein riesiges Vermögen aufgebaut, mit dessen Hilfe die Keimzellen für Unternehmen entstehen konnten, die die agrarische Region an der Ruhr allmählich in einen industriellen Ballungsraum verwandeln sollten. Frauen von Hagen bis Duisburg erkannten die Chancen, die sich ihnen dadurch boten, und sie nutzten sie.

»Auf Harkorten, einem Landgut der Familie Harkort, lernte ich sehr gute Menschen kennen: Eine Mutter, zwei Söhne und drei Töchter.«

Der Philosoph
Thomas Wizenmann, 1783

Ansicht des Spillenburger Wehrs in Essen-Überruhr, Lithografie, 1866

Louisa
Catharina
Harkort

LOUISA CATHARINA HARKORT

DIE MÄRCKERIN

Als ihr „die allerheiligste Vorsehung" – wie sie es in eigenen Worten formulierte – 1760 den Gatten „durch den Tod von der Seite riß", war Louisa Catharina Harkort (1718–1795) 43 Jahre alt, hatte fünf Kinder im Alter von zwei bis sieben Jahren und es herrschte der Siebenjährige Krieg (1756–1763). Mittellos war die Tochter aus gutem Hause jedoch nicht, denn Johan Caspar Harkort III. (1716–1760) hatte ihr ein gut gehendes Unternehmen hinterlassen, das vornehmlich mit Eisenwaren handelte, aber auch mit Textilien und landwirtschaftlichen Erzeugnissen aus eigener Herstellung Geschäfte machte und Hammerwerke betrieb. Die Geschäftsverbindungen reichten nach Elberfeld, heute ein Stadtteil von Wuppertal, Wesel, Amsterdam und Lübeck. Außerdem zählte Gut Harkorten bei Haspe, heute ein Stadtteil von Hagen, zur Hinterlassenschaft. Nur wenige Jahre vor dem Tod des Gatten hatte Louisa den Bau eines repräsentativen Herrenhauses auf dem weiträumigen Anwesen durchgesetzt und machte das Gut zu einem gesellschaftlichen Mittelpunkt der Region: Verwandte, Freunde, Geschäftspartner, die Essener Fürstäbtissin, die Damen des adeligen Stifts in Elsey, heute Hagen-Hohenlimburg, und aufgeklärte preußische Verwaltungsbeamte wie der Freiherr vom Stein oder Fabrikenkommissar Friedrich August Alexander Eversmann durften in Haus Harkorten vorzügliche Bewirtung, anregende Gespräche und ausgewählte Hausmusik genießen. Dass auf diese Weise auch für ein Handelshaus wichtige Netzwerke geknüpft, gefestigt und erweitert wurden, war sicherlich kein unbeabsichtigter Nebeneffekt.

Die Führung eines standesgemäßen Haushalts und Repräsentationsaufgaben waren es wohl, die Louisa für ihre Zukunft eigentlich ins Auge gefasst hatte. Durch ihre großbürgerliche Herkunft war sie bestens darauf vorbereitet. 1718 als Tochter des angesehenen Arztes Johann Christoph Märcker und seiner Frau Charlotte Luisa aus der Juristenfamilie Reinermann in Hattingen geboren, wurde sie im nahe gelegenen Stift Essen der Fürstabtissin Franziska Christine von Pfalz-Sulzbach erzogen. Umfassend gebildet und selbstbewusst auftretend ließ sich die junge Frau Zeit mit der Eheschließung. Erst mit 30 Jahren heiratete sie 1748 den verwitweten Johan Caspar Harkort III., einen wohlhabenden Unternehmer, und zog mit ihm auf das Gut Harkorten. Sieben Kinder gingen aus der Verbindung hervor, von denen zwei früh verstarben. Ob und in welcher Weise Louisa Catharina während der dreizehn gemeinsamen Jahre Einblick in die Unternehmensführung gewinnen konnte, lässt sich nur vermuten, jedenfalls zögerte die Witwe Harkort, in Anlehnung an ihren Mädchennamen auch respektvoll „die Märckerin" genannt, nicht und trat für die unmündigen Kinder das Erbe ihres verstorbenen Mannes an. Unterstützt von ihrem Bruder Johan Friedrich Märcker (1723–1791) und einem Handlungsgehilfen führte sie das Geschäft unter der Firmierung „Johan Caspar Harkort Seel. Witwe" weiter, verwaltete die Ländereien und Güter und überwachte die Produktion in den Hammerwerken und Schmieden.

Kaum acht Monate, nachdem sie das Unternehmen übernommen hatte, war dessen Fortbestand auch schon bedroht. Denn im Zuge des Siebenjährigen Krieges zogen französische Truppen plündernd durch das Märkische Land, erhoben Abgaben, besetzten Höfe, beschlagnahmten Waren und bedrohten auch den Harkort'schen Besitz. Louisa besann sich auf ihre guten Beziehungen und konnte durch die Vermittlung der Fürstäbtissin in Essen einen Schutzbrief des Marschalls Soubise erwirken, der seinen Soldaten unter Androhung der Todesstrafe untersagte, Gut Harkorten zu plündern oder „Schaden anzurichten in den Gärten, Obsthöfen, am Vieh, an den Möbeln und Gegenständen in den Nebengebäuden".

Damit konnte die Märckerin ihre Geschäfte nahezu ungehindert weiterführen und hatte sogar die finanziellen Mittel, um nach Kriegsende Gut Schede in Herdecke vollständig in ihren Besitz zu überführen – schon ihr Mann hatte Teile des Anwesens aus Louisas Familienbesitz erworben. Politisch war mit der Etablierung Preußens als Großmacht eine Zeit des Friedens eingekehrt, doch der Handel wurde durch Hunderte von Zollgrenzen erschwert. Darüber hinaus wurde das Harkort'sche Hauptgeschäft mit Eisensensen zunehmend durch Konkurrenz bedroht. Wie sollte Louisa den in der Steiermark produzierten leichteren, aber robusteren Sensen aus Stahl auf die Dauer Paroli bieten?

DIE BLAUEN SENSEN AUS HASPE

Entschlossen, den Stier bei den Hörnern zu packen, besorgte sich die Märckerin einige Muster aus steirischer Produktion, den besten verfügbaren Stahl und wies ihre Schmiede an, die Sensen nachzubauen. Nach einigen Fehlversuchen wurde auf Harkorten 1774 ein Schmiedehammer errichtet, an dem die qualitativ hochwertigen und teuren „Sensen in Steiermärker Qualität" gefertigt werden konnten. Diese sogenannten blauen Sensen ergänzten das bestehende Eisensensen-Sortiment und waren so beliebt, dass größere Mengen zeitweise bis nach Petersburg geliefert wurden. Louisa weitete die Produktion aus und erwirkte die Genehmigung für den Bau weiterer Hammerwerke. 1780 gehörten ihr vier Hammermühlen und fünf Sensenhämmer. Im selben Jahr sicherte sie auch die Nachfolge des Familienunternehmens. Mit ihren beiden Söhnen Johan Caspar IV. (1753–1818) und Peter Nicolaus (1755–1817) schloss sie einen Partnerschaftsvertrag, der sie zu einem Drittel an der „Compagnie-Handlung" beteiligte und ihr den unangekündigten Blick in die Geschäftsbücher ebenso zusicherte wie das Recht auf Mitbestimmung.

Risikobereitschaft bewies die Märckerin im Hinblick auf den Transport in Richtung beziehungsweise aus Westen. Nachdem die Ruhr auf Geheiß des preußischen Königs 1781 von Duisburg bis Holzwickede schiffbar gemacht worden war, erwarb sie 1783 eine Ruhraak. Mit diesem Lastkahn transportierte sie ruhraufwärts Kohle und Roheisen für ihre „Feuer“ und verschiffte ihre Handelsgüter Richtung Rhein. Das war nicht nur schneller als der Transport auf der Straße, sie umging damit auch die fälligen Landzölle. Spätestens mit der Besetzung des Rheinlands durch französische Truppen, die die Rheinschifffahrt nachhaltig beeinträchtigte, wurde der Betrieb jedoch unrentabel und das Schiff blieb auf dem Trockenen.

30 JAHRE IN DER FIRMENLEITUNG

Am 15. März 1795 starb Louisa Catharina Harkort auf Gut Harkorten. Ihr Vermögen vererbte sie zu gleichen Teilen an ihre fünf Kinder. 30 Jahre hatte die Märckerin an der Spitze ihres Unternehmens gestanden, es durch die widrigen Bedingungen ihrer Zeit gesteuert und die Hinterlassenschaft ihres Mannes für ihre Kinder vermehrt. Aufgrund ihres unternehmerischen Erfolgs und ihres gesellschaftlichen Ansehens wurde sie mehrmals zur Sprecherin des märkischen Wirtschaftsbürgertums gewählt. Zum Zeitpunkt ihres Todes war die Firma so gut aufgestellt, dass sie gegenüber zahlreichen Produzenten in der Region als Kreditgeber fungierte. Vor allem bildete die stabile finanzielle Basis aber eine wichtige Voraussetzung, um den Übergang zur fabrikindustriellen Produktionsweise zu ermöglichen, die 1819 mit den von ihrem Enkel Friedrich (1793–1880) gegründeten „Mechanischen Werkstätten Harkort & Co.“ auf der Burg Wetter einen entscheidenden Impuls erhalten sollte.

Aletta
Haniel

ALETTA HANIEL

VON DER WEINHÄNDLERIN ZUR SPEDITEURIN

Am Zusammenfluss von Rhein und Ruhr, in Ruhrort – heute ein Stadtteil von Duisburg –, führte Aletta Haniel (1742–1815) das Handelshaus ihres verstorbenen Gatten weiter und legte durch kluge unternehmerische Entscheidungen den Grundstein für ein Unternehmen, das ihren Sohn Franz zu einem der bedeutendsten Industriepioniere des Ruhrgebiets machen sollte. Johanna Sophia Adelheid (Aletta) Noot wurde 1742 in Orsoy, heute Rheinberg, als zweites von neun Kindern des preußischen Zollbesehers Jan Willem Noot und seiner Frau Johanna Catharina Erckenswick geboren. Als sie zwei Jahre alt war, zog die Familie nach Ruhrort. Hier wuchs sie auf, wurde von ihren Eltern aber auch für zwei Jahre in ein holländisches Pensionat geschickt. 1756 gelang es Jan Willem Noot, er war mittlerweile zweiter Bürgermeister von Ruhrort, vor den Toren der Stadt drei Grundstücke in Erbpacht vom Preußenkönig Friedrich II. zu erwerben, auf denen er das Noot'sche Wohn- und Lagerhaus errichtete. Dieses verband er durch einen eigens ausgehobenen Kanal mit der Ruhr, um den schnellen Transport der Waren gewährleisten zu können. Das Fernhandelsgeschäft machte viele Reisen notwendig, auf denen ihn die junge Aletta manches Mal begleitete und mit den Grundlagen des Kaufmannswesens vertraut gemacht wurde. Dass es ihr nicht an Mut und Entschlossenheit mangelte, stellte sie bereits mit 16 Jahren eindrücklich unter Beweis: Als ihr Vater 1758 im Zuge des Siebenjährigen Krieges (1756–1763) in französische Gefangenschaft geraten war, nutzte sie den Besuch des Oberbefehlshabers der französischen Niederrheinarmee, um die Freilassung des Vaters zu erwirken. Die Überlieferung will, dass es sie nur einen Kuss gekostet haben soll, den sie nicht schuldig blieb.

ERSCHLIESSUNG NEUER HANDELSWEGE

19-jährig heiratete Aletta 1761 den Duisburger Weinhändler und Spediteur Jacob Wilhelm Haniel und zog zu ihm nach Duisburg. Als ihr Vater 1770 starb, stieg Jacob Wilhelm auf Wunsch der Familie Noot in das Speditionsgeschäft ein und übersiedelte 1772 mit der Familie in das Packhaus nach Ruhrort. Nur vier der elf Kinder erreichten das Erwachsenenalter, und nach 21 Ehejahren verstarb 1782 auch Jacob Wilhelm. Aletta war gerade 40 Jahre alt, als sie noch im selben Jahr den Weinhandel und den allgemeinen Speditions- und Kommissionshandel übernahm und unter dem Firmennamen „J.W. Haniel seel. Wittib" weiterführte. Bald erkannte die tatkräftige Witwe, dass das Geschäft mit Wein und Kolonialwaren unter anderem aufgrund der hohen Zölle langfristig nicht rentabel sein würde. Sie war überzeugt, dass die Veränderungen, die der Einsatz von Dampfmaschinen in England nach sich zog, sich in absehbarer Zeit auch auf dem Festland niederschlagen würden und setzte auf den Handel mit Kohle und Eisenwaren – aus dem Weinhandel wurde eine Spedition: 1792 übernahm Aletta als Kommissionärin für ein Rotterdamer Handelshaus den Transport von Eisenwaren der Hütte St. Antony bei Osterfeld, heute Oberhausen, und es folgte bis 1795 die Spedition unter anderem von Munition, Bomben, Haubitzen und Kugeln aus den benachbarten Hütten Neu-Essen und Gute Hoffnung in Sterkrade, heute Oberhausen, an die im Krieg befindlichen Österreicher und Franzosen.

»Die Wittwe des verstorbenen Kaufmanns Haniel bittet allerunterthänigst um Überlaßung eines Niederlage Platzes am Ruhrstrohm.«

Aletta Haniel an Friedrich Wilhelm III., 1800

1796 war Aletta Haniel bereits Teilhaberin der Kohlenhandelsgesellschaft J. G. Müser & Comp. und als solche für den Kohlenabsatz zuständig. Mit dem Eisenwaren- und Kohlengeschäft erschloss Aletta Haniel neue Handelswege vor allem in die Niederlande und bezog ihre Eisenwaren in großen Teilen aus dem Märkischen Land, auch von den Harkorts. 1800 erwarb Aletta Haniel von ihren Geschwistern das Ruhrorter Packhaus samt Zubehör. Es sollte als Familiensitz fortgeführt werden, die Geschäfte waren allerdings in Bedrängnis geraten, weil der Neubau eines Damms das Gebäude vom Zugang zur Ruhr getrennt hatte. Um diesen Nachteil auszugleichen, plante sie, im Ruhrorter Hafen einen neuen Lagerplatz für ihre Kohlen- und Eisenwarenhandlung zu bauen und stieß damit auf den Widerstand der alteingesessenen Ruhrorter Kohlenhändler, die von dieser Konkurrenz wenig begeistert waren. Nachdem mehrere Bauanträge erfolglos verlaufen waren, wandte sie sich entschlossen, das Geschäft und somit das Erbe ihrer Kinder zu retten, direkt an die höchste Instanz, Friedrich Wilhelm III., König von Preußen – und hatte Erfolg.

Zur Sicherung ihres Nachlasses hatte die kluge Unternehmerin ihre Söhne früh an das Geschäft herangeführt und sie auch in andere Häuser geschickt, um ihnen neue Einblicke zu verschaffen. Ab 1790 arbeitete Sohn Wilhelm mit im Geschäft, seit 1796 integrierte sie die Söhne Gerhard und Franz in das Unternehmen. Im Alter von 60 Jahren und seit 20 Jahren Leiterin des Unternehmens, machte Aletta Haniel ihre Söhne Gerhard und Franz zu Teilhabern an ihrer Firma und zog sich 1809 aus dem Geschäft zurück. Die Firma „J. W. Haniel seel. Wittib“ erlosch und wurde unter ihren Söhnen Gerhard und Franz aufgeteilt.

Villa Hügel

Das ehemalige Wohn- und Repräsentationshaus der Industriellenfamilie Krupp im Essener Stadtteil Bredeney wurde 1870–1873 von Alfred Krupp errichtet.

FRAUEN DER KRUPP-DYNASTIE

MÜTTER MIT MANAGERQUALITÄTEN

Helene Amalie Ascherfeld Auch bei der aus den Niederlanden eingewanderten Familie Krupp in der damals noch kleinen Stadt Essen resultierte das Vermögen, das den Einstieg in die Fertigung industrieller Produkte begründete, aus Handelsgewinnen. Einen wesentlichen Anteil daran hatte die geschäftstüchtige Helene Amalie Ascherfeld (1732–1810). Als sie 1751 Friedrich Jodocus Krupp (1706–1757) heiratete, handelte dieser seit gut 20 Jahren mit Kolonial-, Spezerei- und Materialwaren. Nach nur vier Jahren Ehe starb Friedrich Jodocus 1757 und ließ seine junge Witwe mit den beiden Söhnen Peter Friedrich Wilhelm (1753–1795) und Johann Heinrich (1755–1774), aber nicht unversorgt zurück: ein angesehenes Großhandelshaus, sechs Grundstücke sowie das Wohn- und Geschäftshaus am Flachsmarkt zählten zu seiner Hinterlassenschaft.

MIT TATKRAFT UND KAUFMÄNNISCHEM GESCHICK

Die erst 25-jährige Helene Amalie, die als gebürtige Essenerin und Tochter eines wohlhabenden Kaufmanns in die Ehe gegangen und mit den Aufgaben des Geschäfts vertraut war, trat das Erbe an und firmierte als Inhaberin der Kolonialwarenhandlung bis zu ihrem Tod unter dem Namen „Wittib Friedr. Jod. Krupp sel.“ Mit außerordentlicher Energie und kaufmännischem Gespür ergänzte Helene Amalie ihre Handelswaren um Tabak, Tuche und Porzellan, baute außerdem ihre Geschäftsbeziehungen bis nach London, Hamburg und Bremen aus und erweiterte ihr Geschäftsfeld. Neben den Handel trat die Produktion: 1783 errichtete sie eine Schnupftabakmühle am Flachsmarkt, erwarb 1797 in Altenessen eine Walkmühle zur Stoffveredelung, war an mehreren kleinen Steinkohlezechen beteiligt und ersteigerte 1799 als Hauptgläubigerin die Eisenhütte „Gute Hoffnung“ in Sterkrade, heute Oberhausen. Ihre Erlöse investierte sie in Grundstücke und konnte am Ende ihres Lebens 31 Liegenschaften ihr Eigen nennen.

ÜBER 50 JAHRE ERFOLGREICHE GESCHÄFTSFRAU

Helene Amalie überlebte ihre beiden Söhne. Bis zu seinem Tod 1795 hatte Peter Friedrich Wilhelm seine Mutter bei der Führung der Geschäfte unterstützt. 1808 übergab Helene Amalie das Handelsgeschäft an ihre Schwiegertochter Petronella (1757–1839). Als Helene Amalies 18-jähriger Enkel Friedrich Interesse an dem Hüttengeschäft in Sterkrade zeigte, schickte sie ihn 1805 auf „Gute Hoffnung“ und übertrug ihm das Werk 1807 für einen angemessenen Preis. Die von ihm angestrebte Modernisierung und Umstellung der Schwerpunktproduktion erforderte jedoch hohe Investitionen, die durch widrige Umstände nicht den erhofften Gewinn abwarfen. Die resolute Helene Amalie hielt die Risiken für nicht mehr vertretbar und forderte kurzerhand die Rückübertragung der Hütte. Als sich kurz darauf die Gelegenheit bot, das Werk ohne größeren Verlust abzustoßen, verkaufte die kühl rechnende Geschäftsfrau die Hütte im August 1808 an Heinrich Arnold Huyssen. Helene Amalie Krupp starb am 9. Mai 1810 in Essen. Seit dem Tod ihres Mannes hatte sie dank seiner Hinterlas-

Petronella Krupp, geb. Forsthoff

senschaft selbstständig agieren können. Sie hatte kein zweites Mal geheiratet, sondern die Handlungsspielräume, die ihr als Familienoberhaupt und als Geschäftsfrau zugestanden wurden, genutzt, um mit Tatkraft, kaufmännischem Kalkül, unternehmerischer Weitsicht und einer Portion Glück das Vermögen ihrer Familie zu vervielfachen.

Therese Wilhelmi Helene Amalie Krupp vermachte ihrem Enkel Friedrich ein beträchtliches Vermögen. Dennoch standen der Kaufmannstochter Therese Wilhelmi (1790–1850) entbehrungsreiche Jahre bevor, als sie 1808 den reichsten Junggesellen Essens heiratete. Doch auch in schweren Zeiten bewies sie Managerqualitäten und manövrierte mit unerschütterlicher Selbstbeherrschung die Familie und später auch den Betrieb durch alle Krisen. Ihr Mann Friedrich nämlich war seit seiner Zeit auf der Gute-Hoffnung-Hütte nur noch von einem Gedanken besessen: hochwertigen Gussstahl herzustellen, der sich mit dem aus England würde messen lassen können. Dafür war er bereit, alles auf eine Karte zu setzen. Durch die 1806 in Kraft getretene Kontinentalsperre Napoleons, die den Import unter anderem des englischen Gussstahls unterband, sah Friedrich die Zeit gekommen, die Produktion selbst anzugehen. Finanziell gut aufgestellt und überzeugt von dieser Idee, errichtete er Fabrikgebäude auf dem Gelände der Altenessener Walkmühle, wo er mit seiner 1811 gegründeten „Firma Friedrich Krupp zur Verfertigung des Englischen Gussstahls und aller daraus resultierenden Fabrikationen" dem Geheimnis der Stahlproduktion auf die Spur kommen wollte. Die Qualität der Erze, die richtige Dosierung von Eisen- und Kohlenstoffanteilen, der Hitzegrad, die Dauer des Kochens und die Art des Erkaltens waren die für die Stahlherstellung ausschlaggebenden Komponenten. Zu Beginn des 19. Jahrhunderts war dieser aufwendige metallurgische Prozess noch nicht hinreichend erforscht. Friedrich musste investieren, experimentieren und hatte damit auch durchaus Erfolg, doch konnte der den enormen finanziellen Aufwand nicht auffangen. Daher unterstützten ihn

Mutter Petronella, Schwester Helene und der Vater seiner Frau immer wieder mit großzügigen Krediten, die sich auf heutige Verhältnisse übertragen in der Größenordnung mehrstelliger Millionenbeträge bewegten. Als Friedrich schließlich schwer erkrankte, konnten weder er noch Therese den Widrigkeiten, denen das Geschäft ausgesetzt war, etwas entgegenhalten – der gesellschaftliche Abstieg war besiegelt: 1824 musste die sechsköpfige Familie in das kleine Betriebsführerhäuschen auf dem Werksgelände in Altenessen ziehen, und die Essener Kaufmannschaft strich Friedrich aus ihren Listen. Als er infolge seiner Erkrankung 1826 starb, hinterließ Friedrich neben einer mit 10.000 Talern verschuldeten Gussstahlfabrik ein Produktionsverfahren, das sich für die Herstellung von Feilen, Münzstempeln, Schneidwerkzeugen und Walzen zwar eignete, aber nach wie vor unzuverlässig war. Um ihre Kinder Ida (1809–1882), Alfried (Alfred, 1812–1887), Hermann (1814–1879) und Friedrich (1820–1901) finanziell nicht zu belasten, schlug Therese Krupp deren Anteil an der Erbschaft aus, trat ihr Erbe jedoch an.

»Anfangen im Kleinen, ausharren in Schwierigkeiten, streben zum Großen.«
Alfred Krupp

1926 übernahm Therese die Leitung des Betriebs und führte ihn unter dem Namen „Firma Wittwe Friedr. Krupp“ sowie einem rigiden Sparkurs weiter. Als sachkundigen Geschäftsführer des auf diese Weise sanierten Werkes setzte sie den erst 14-jährigen Alfred ein, der wenige Monate zuvor in den Betrieb eingetreten war. Bis 1848 blieb Therese Besitzerin der immer noch um ihre Existenz kämpfenden, eher kleinen Firma, dann kaufte Alfred sie ihr für einen symbolischen Betrag ab. Ein Jahr bevor Alfred mit der Erfindung der nahtlosen Radreifen für Eisenbahnen der Durchbruch und damit verbunden der steile Aufstieg seines Unternehmens gelang, starb sie am 3. August 1850 in Essen. Mit ihrem uneingeschränkten Vertrauen in das Vorhaben ihres Enkels, Sohnes, Bruders und Gattens, für dessen ungewisse Zukunft sie große finanzielle und gesellschaftliche Einbußen hinzunehmen gewillt waren und ihre Verbindungen einsetzten, um weiteres Kapital flüssig zu machen, schufen die Krupp-Frauen der ersten Generationen eine zuverlässige Basis, auf der eine der bedeutendsten deutschen Unternehmerdynastien fußte.

Therese Krupp, geb. Wilhelmi

Auch zwei Frauen der nächsten Krupp-Generationen funktionierten absolut verlässlich, hielten sich still im Hintergrund und waren doch wichtige Rädchen im Familien- und Geschäftsbetrieb. Neben der Rolle der Ehefrau und Mutter wirkten sie als kluge Diplomatinnen in der Familie und auf dem gesellschaftlichen Parkett, als Netzwerkerinnen im Dienste des Unternehmens und des Gemeinwohls und als Managerinnen ihrer eigenen, nicht zu unterschätzenden Aufgabenbereiche für den „Kitt", der alles zusammenhielt. Sie waren es, die sich all jener annahmen, um die sich ihre Männer nicht kümmern konnten: um Mütter, Kinder, Angestellte und andere Schutzbefohlene, um Gäste und Kunden. Sie schufen den Boden für großartige, prosperierende Unternehmen und waren allzeit Ansprechpartnerinnen für die Sorgen und Nöte aller anderen. Ihre Hauptaufgaben bestanden in Repräsentation und Erziehung der Nachfolger, doch im Alltag leisteten sie de facto viel mehr.

Margarethe von Ende Als älteste Tochter des preußischen Oberpräsidenten August Freiherr von Ende und Eleonore Gräfin von Königsdorff wurde Margarethe von Ende (1854–1931) in Breslau geboren. Die Beamtenlaufbahn des Vaters brachte viele Umzüge für die Großfamilie mit sich. Margarethe wurde, wie für alle jungen Mädchen aus besserem Hause zu dieser Zeit üblich, von Mutter und Hauslehrerin in Haushaltsführung, Kochen, Benehmen, Handarbeit, Malen, Klavierspiel sowie ein wenig Literatur und Französisch unterrichtet. Sie half bei der Führung der jüngeren Geschwister und des großen Haushalts. Mit Lernwillen und Drang zur Selbstständigkeit hatte sich die intelligente „Marga" das barsche Diktum der Mutter, „Das muss man können", wohl mehr zu Herzen genommen, als dieser lieb sein konnte, und den Eltern für zwei Jahre den Besuch der höheren Töchterschule und eines Lehrerinnenseminars abgetrotzt. Den Schliff fürs gesellschaftliche Parkett holte sich die schüchterne junge Dame beim Aufenthalt mit dem Vater in Berlin und im weltläufigen Düsseldorf, wohin die Familie schließlich zog. Bereits 1872 hatte

Friedrich Alfred Krupp und seine Verlobte Margarethe von Ende im Jahr 1882

Margarethe auf einer Dienstreise nach Essen, auf der sie ihren Vater begleitete, den jungen Friedrich Alfred Krupp kennengelernt. Der seit seiner Geburt stets kränkelnde und vom Vater notorisch unterschätzte Konzernerbe hat sich vielleicht von der feinfühligen und anteilnehmenden Margarethe verstanden gefühlt, vielleicht tat ihm der Umgang mit einer warmherzigen „Mutterfigur" im Moment einfach wohl. Seine Mutter Bertha jedenfalls schloss die reif wirkende junge Frau sofort ins Herz und erkannte: Eine so gefestigt wirkende Person könnte der ruhende Pol in einem Firmenhaushalt wie dem ihren werden.

DIE WELT DER VILLA HÜGEL

Mit ihrer etwas matronenhaften Erscheinung war Margarethe keine Schönheit, auch galt sie mit 26 Jahren als „spätes Mädchen". Darüber hinaus weigerte sich der „alte Krupp" lange gegen eine Verbindung seines Sohnes mit einer mittellosen Adeligen, doch 1882 wurde endlich geheiratet und Margarethe tat, was sie immer tat, und kümmerte sich ohne Rücksicht auf eigene Interessen um die Familie, zu der seit 1886 und 1887 die Töchter Bertha und Barbara zählten, sowie um den Haushalt. Nun, der war in der Villa Hügel mit allen Nebengebäuden ein wenig größer: Hier traf sich die Welt der Großindustrie, der Politik und Banken, die Kaiserfamilie ging ein und aus und Bankette mit 100, 200 Gästen waren keine Seltenheit in den 220 Räumen der Villa, einem Betrieb mit mehreren Hundert Angestellten und von höchster Wichtigkeit für die Geschäfte. Mit der Firma wuchsen in den folgenden Jahren auch die repräsentativen Pflichten Margarethes und eigene Wünsche oder Befindlichkeiten blieben völlig auf der Strecke. Alle Familienmitglieder und Angestellten wandten sich mit ihren Fragen und Nöten an Margarethe, die nicht umsonst „Mütterchen" genannt wurde. Neben dem Tagesgeschäft pflegte Margrethe über die Jahre ihre Schwiegereltern und später ihre Mutter bis zum Tod. Bei dienstlichen Terminen,

»Nur durch und die Ohren steif halten."«

Margarethe Krupp

etwa beim Besuch des Vizekönigs von China 1898, vertrat sie hin und wieder ihren Mann – kein Problem, denn über geschäftliche Belange hielt sich Margarethe Krupp ständig informiert. Aber wie weit gingen Wissensdurst, Verständnis und Information? Hat Margarethe Krupp dabei bewusst zur Kenntnis genommen oder gar hinterfragt, woher all der Reichtum kam und was da alles produziert wurde? Der spätere Kaiser Wilhelm hatte schon 1859 größere Posten Geschützrohre geordert und schließlich war es vornehmlich die Rüstungsproduktion, die Größen aus Politik und Wirtschaft auf den Hügel zog; Krupp sollte während des Ersten Weltkriegs aus dem Stand zum „Kanonenkönig“ werden.

Problematisch gestaltete sich nach der Geburt der Töchter die Ehe. Anfangs hatte Margarethe und Friedrich Alfred eine herzliche, vertraute Zuneigung verbunden, aber die große Liebe war es wohl nie. Fritz jedenfalls ging bald oft auf Reisen, hatte auch als Reichstagsabgeordneter eine Wohnung in Berlin und schien die Familie zu meiden – nach außen hielt Marga die Fassade natürlich intakt. Erst wurde Fritz das Jagdschloss Sayneck, dann vor allem Capri eine zweite, wenn nicht die wahre Heimat. Hier ging er seiner Leidenschaft, der Tiefseeforschung, nach und fand die lockere Heiterkeit im Kreise anderer. In der Grotte der „Brüderschaft des heiligen Vicenzo“ soll es zu libertinären Festen „unter Freunden“ gekommen sein. Gerüchte aus Capri drangen nach Deutschland, bald war das Schlagwort „Homosexualität“, berechtigt oder nicht, in der Welt und der Skandal riesig. Die stets treue Marga beging den großen Fehler, die Kaiserin persönlich um Hilfe anzugehen und das Kaiserhaus damit in eine unangemessene Situation zu bringen. Ihre Brüder begleiteten sie nach einem Nervenzusammenbruch in eine Jenaer Klinik, um sie aus der Schusslinie zu schaffen und weiteren Fehltritten vorzubeugen. Dort erreichte sie wenig später die Nachricht vom plötzlichen Tod ihres Mannes, der völlig unerwartet einem Hirnschlag erlegen war.

DIE KRUPPSCHE WOHLFAHRTSPFLEGE

Nun galt es vor allem, das Geschehene in der Öffentlichkeit diskret vergessen zu machen und das Ansehen des Unternehmens hoch zu halten. Die Firmenerbin Bertha war noch minderjährig und so übernahm offiziell Margarethe treuhänderisch die Firmenleitung von 1902 bis 1906, praktisch waren es wohl eher Aufsichtsrat und Direktorium. Ihr blieben vor allem die Repräsentationspflichten sowie die Kontaktpflege zum Kaiserhaus, zu den Kruppschen Angestellten und den Essener Bürgern. Selbstlos bereitete sie das Feld für ihre Tochter und widmete sich verstärkt karitativen Aufgaben. Margarethe führte nicht nur vor allem die gesamte Kruppsche Wohlfahrtspflege im Sinne ihres Mannes fort, sie setzte neue Maßstäbe. Zwar hatten bereits Alfred Krupp mit den Wohnungskolonien Schederhof und Kronenberg sowie Friedrich Alfred mit Friedrichshof und Alfredshof sowie mit dem Altenhof für ehemalige Arbeiter und Witwen Wohnraum für die Angestellten geschaffen. Alfred Krupp hatte 1870 während des Deutsch-Französischen Krieges in der Nähe der Fabrik ein Krankenhaus und ein Lazarett errichten lassen; 1872 hatte die Firma die Konzession für ein Krankenhaus für die Arbeiter, 1886 für eines für Frauen und Kinder erhalten. Weiter richtete Friedrich Alfred vieles mehr ein, etwa ein Erholungshaus für Genesende, das Margarethe 1906 mit einer Spende von 1 Million Mark unterstützte, damit auch Frauen und Kinder betreut werden konnten.

Aus Anlass von Berthas Hochzeit 1906 aber rief Margarethe eine Stiftung für Wohnfürsorge mit 50 Hektar Land und 1 Million Mark Kapital aus ihrem Privatvermögen ins Leben und schuf ihr persönliches Glanzstück. Nach einem Entwurf des Architekten Georg Metzendorf entstand die 1911 nach der Stifterin benannte Siedlung Margarethenhöhe mit erschwinglichen, überaus ansprechenden Wohnungen mitten im Grünen für alle Essener Bürger. Die Wege zur Arbeit und zum Einkauf waren kurz, die Anbindung an den öffentlichen Nahverkehr gegeben. Oft sei

Margarethe durch die Straßen gegangen, wie gewohnt mit einem offenen Ohr für die Sorgen und Wünsche der Bewohner. Mit einer der heute noch schönsten Siedlungen Deutschlands mit Markplatz, Gasthaus, Konsumanstalt und mit einem völlig neuen Lebens- und Wohnkonzept wurde nicht nur stadtplanerisch Neuland betreten. Margarethe Krupp überführte damit das umfangreiche Kruppsche Sozial- und Wohlfahrtswerks in Sozialfürsorge für alle und beschritt durch die Verknüpfung von privatwirtschaftlichem und kommunalem Engagement als einem Höhepunkt des Kruppschen Sozial- und Wohlfahrtswerks Neuland. 1912 wurde Margarethe zum 100-jährigen Bestehen des Werkes die erste weibliche Ehrenbürgerin der Stadt Essen. Die Matriarchin arbeitete buchstäblich bis zu ihrem Tod 1931, am Schreibtisch erlitt sie einen Herzinfarkt. Zu ihrer Beerdigung 1931 kamen 150.000 Menschen.

Margarethenhöhe, Kleiner Markt, Essen; gestiftet 1906 von Margarethe Krupp

Bertha Krupp Von klein an wurde Bertha Krupp (1886–1957) auf ihre Aufgaben als Firmenerbin und Herrin des Hügelbetriebes vorbereitet. Wie ihre Schwester Barbara erhielt sie von der Mutter Margarethe streng überwachten Privatunterricht. Ferner wurden beide Mädchen an einer Haushaltsschule für höhere Töchter in Baden-Baden erzogen – die jungen Damen hatten sich in die Hausordnung einzufügen wie alle anderen auch. Ihren Töchtern bot Margarethe zwar ein liebevolles Familienleben, eine fröhliche Jugend und unbeschwerte Brautzeit, wie sie selbst sie vermisst hatte, doch impfte sie ihnen zugleich neben Bescheidenheit höchstes Pflichtbewusstsein ein: Die Interessen der Firma standen stets an erster Stelle. Reichtum sei vor allem Verpflichtung und das gelte besonders für Bertha, die Erbin. Margarethe Krupp sagte einmal: „Ich glaube, meine Töchter so erzogen zu haben, dass sie auch härtesten Schicksalsschlägen gewachsen sein können." Der Erziehungserfolg wurde schon früh mit dem Tod des Vaters 1902 auf die Probe gestellt. Damit wurde die noch minderjährige Bertha zur Alleinerbin des Unternehmens, Inhaberin der Aktienmehrheit und zur begehrtesten Partie Deutschlands.

DIE UMWORBENE FIRMENERBIN

Die deutsche Botschaft im Vatikan stellte den drei Krupp-Damen während einer Reise nach Rom Gustav von Bohlen und Halbach als Reisebegleiter an die Seite, seines Zeichens ehemals Legationsrat, Ministerresident der Badischen Gesandtschaft in Den Haag, Diplomat in China, promovierter Jurist und pflichtbewusster Beamter. Der junge Mann erwies sich als humorvoll und weltgewandt und die 15 Jahre jüngere Bertha verliebte sich sofort in ihn. Margarethe, das Firmenwohl immer im Blick, befürwortete diese Verbindung ganz entschieden – und sollte recht behalten: Mit Gustav, privat „Taffy" genannt, gewann die Firma mit der Heirat 1906 ein Aufsichtsratsmitglied und einen späteren Aufsichtsratsvorsitzenden von Format, der sich fortan mit größtem Ernst für die Firma engagierte.

Eines blieb immer klar: Bertha war die Besitzerin der Firma und Gustav achtete penibel darauf, seine Frau genau so zu behandeln, wenngleich sie allein de facto die Geschäfte niemals hätte führen können. Zwar trat er für sie beide als Sprecher auf, doch am Doppelschreibtisch in seinem Büro wurden täglich Firmenangelegenheiten besprochen. Daneben hatte diese, im Übrigen Mutter von acht Kindern, umfangreiche Repräsentationspflichten auf der Villa Hügel: Für Veranstaltungen und Festlichkeiten, bei denen sie als Gastgeberin brillierte, für die Beherbergung und Bewirtung von Kunden und Staatsoberhäuptern bis hin zum Kaiser trug Bertha allein die Verantwortung.

Bertha Krupp

Vor allem schuf Bertha eine solide Basis für Familie und Firma: Sie war Vermittlerin zwischen vielbeschäftigtem, im Familienalltag als kühl empfundenen Vater und Kindern, zwischen Familie und Personal, Angestellten und Kunden. Zu allen Zeiten lief der Familienbetrieb wie am Schnürchen, das Bild der Familie blieb in der Öffentlichkeit stets makellos, nie drang Persönliches nach außen. Dabei hatte sie schwere Schicksalsschläge zu meistern: Sohn Arnold starb 1909 bereits nach wenigen Wochen, später fielen die beiden Söhne Claus (1940) und Eckbert (1945) im Zweiten Weltkrieg, Sohn Harald kam erst nach 13 ungewissen Jahren 1951 aus russischer Lagerhaft zurück. Ende 1943 hatte der schwer kranke Gustav den Vorsitz im Aufsichtsrat der Fried. Krupp AG niedergelegt. 1945 wur-

Familienbild der Krupps (v. li. Berthold, Irmgard, Alfried, Harald, Waldtraut, Eckbert,

Bertha, Gustav und Claus Krupp), Gemälde von George Simon Harcourt, 1931, Essen, Villa Hügel de Sohn Alfried statt des Vaters in Nürnberg vor dem Internationalen Gerichtshof wegen Förderung eines Angriffskriegs, Zwangsarbeit und Verschwörung angeklagt und trat eine siebenjährige Haftstrafe an. Die Stadt Essen distanzierte sich 1946 von der Familie Krupp, auch Bertha wurden die Ehrenbürgerrechte aberkannt und das Aufenthaltsrecht in Essen bis 1950 verweigert. Nach Essen zurückgekehrt wohnte sie in der Essener Berenberger Mark und nahm mit Sohn Alfried in der Villa Hügel wieder Repräsentationsaufgaben für die Firma wahr.

Gustav und Bertha wurden oft als kühl gegenüber den Kindern dargestellt; vielleicht war dies der engen Verknüpfung von Firma und Privatleben geschuldet. Auch wollten sie ihre Kinder strikt zu disziplinierten, abgehärteten Menschen erziehen, die dem Firmenalltag gewachsen waren. Bertha und ihr Mann jedenfalls führten 44 Jahre lang eine liebevolle Ehe voll gegenseitiger Achtung, „mein Taffylein", „mein Herzensmann" nannte Bertha ihren Gustav, um den sie sich in Blühnbach rührend kümmerte, als er im Alter schwer erkrankte. Als respekteinflößende, verehrte Matriarchin beschrieb sie ihr ältester Sohn Alfried, als bescheiden und höflich, ja mütterlich, im Umgang Angestellte.

Wie für ihre Mutter standen für Bertha Krupp neben den Repräsentations- vor allem Wohlfahrtsaufgaben im Vordergrund. Den Tod des kleinen Arnold nahm Bertha 1912 zum Anlass, am Altenhof das moderne Arnoldhaus mit ausgebildeten Frauen- und Kinderkrankenpflegekräfte für Wöchnerinnen erbauen zu lassen, ja sogar für die Pflege und für die Hausarbeit nach der Heimkehr wurde vorgesorgt. 1920 wurde das Haus mit den Krankenanstalten an der Lazarettstraße zu den Kruppschen Krankenanstalten fusioniert und stand nun auch Nicht-Werksangehörigen zur Verfügung. Ein besonderer Coup war die Kruppsche Jubiläumsstiftung nach einer Idee von Bertha und Margarethe Krupp, 1912 aus Anlass der 100-Jahr-Feier der Firma ins Leben gerufen: Neben vielen

Förderungen für Kunst, Kultur und Soziales wurden langjährigen Mitarbeitern Urlaube finanziert. Im Ersten Weltkrieg besuchte Bertha mit Kaiserin Auguste Viktoria im Lazarett auf dem Hügel und im Städtischen Krankenhaus Verwundete und versuchte in den Hungerwintern 1916 und 1917, unter anderem mit den Erzeugnissen der Hügel-Gärtnerei möglichst viele Menschen zu versorgen. Die Stiftung für häusliche Krankenpflege, Erholungshäuser für Werksangehörige, eine Zahnklinik sowie die Kruppsche Arbeiterinnen- und Familienfürsorge erforderten die Betreuung durch die Prinzipalin.

DIE ANDERE SEITE DER MEDAILLE

Die Wohltätigkeit der Krupp-Frauen Margarethe und Bertha während der beiden Weltkriege entbehrt nicht einer gewissen Ironie, hatten doch Kruppsche Kanonen, Granaten und andere Waffen Verheerendes angerichtet. Ähnliches gilt für die Zeit des nationalsozialistischen Regimes, siebenmal besuchte Hitler die Essener „Waffenschmiede" – auch wenn Bertha im Gegensatz zu ihrem Mann die Nähe Hitlers unerträglich war. Nichtsdestotrotz: Statt der zum Kriegsdienst eingezogenen Krupp-Arbeiter standen Frauen an Maschinen, darunter ungarische Jüdinnen aus deutschen Konzentrationslagern, schließlich über 12.000 Kriegsgefangene und Zwangsverschleppte. Die Firmeninhaberin hat das zumindest geduldet, keinen Einfluss auf ihren Mann ausgeübt und nichts unterbunden.

Nach Berthas Tod hatte keine weibliche Vertreterin der Familie mehr Einfluss auf das Geschehen in der Villa Hügel und im Konzern. 1967 ging der Krupp-Konzern in den Besitz der Alfried Krupp von Bohlen und Halbach-Stiftung über, 1992 fusionierte die Friedr. Krupp AG mit der Hoesch AG, diese Fusion wiederum schloss sich 1999 mit der Thyssen AG zusammen. Das Alfried Krupp Krankenhaus steht heute in der Nachfolge Kruppscher Wohlfahrt und umfasst als akademisches Lehrkrankenhaus der Universität Essen-Duisburg elf Kliniken.

DER POTT KOCHT NICHT NUR STAHL

SPROCKHÖVELER KÖCHINNEN

Das Begriffspaar Ruhrgebiet und Kochen ergibt nach gängiger Assoziation Stahl – doch zwei Frauen, die sich um das leibliche Wohl verdient gemacht haben und mit ihren Rezepten vom südlichen Ruhrgebiet aus die Kochkultur in Deutschland geprägt haben, durchbrechen diese Gedankenkette: Die eine, Henriette Davidis, begleitete mit ihren Büchern die Industrialisierungsphase des Ruhrgebiets. Sie hatte die tiefgreifenden Veränderungen erkannt, die die rasante Zuwanderung von Arbeitskräften und das Entstehen kleinerer Haushalte in den sich entwickelnden Städten für die bürgerliche Hausfrau mit sich brachten und lieferte mit ihren Publikationen dringend benötigtes Know-how. In einer Zeit, in der die Frauen auf „das Innere" festgelegt waren, konnte sie als erfolgreiche Autorin wirtschaftlich unabhängig leben. Die andere, Friederun Köhnen, hat es 120 Jahre später schon mit dem Sterben erster Großzechen zu tun. Davon unbeeindruckt erkennt sie vielmehr die Chancen, die sich ihr einerseits durch veränderte Lebens- und Essgewohnheiten, andererseits durch neue Angebote der Nahrungsmittelindustrie bieten, und schafft es von der Selfmade-Frau zur erfolgreichen Unternehmerin.

KOCHEN

Henriette Davidis

HENRIETTE DAVIDIS

VORKOSTERIN DER MODERNE

Mehr als 75 Auflagen und seit über 170 Jahren auf dem Markt – das sind die Eckdaten einer Erfolgsgeschichte, die im südlichen Ruhrgebiet ihren Anfang nahm. Mit einer Startauflage von 1.000 Exemplaren veröffentlichte der Bielefelder Verlag Velhagen & Klasing 1844 das Buch *Zuverlässige und selbstgeprüfte Recepte der gewöhnlichen und feineren Küche*, das zum bekanntesten deutschen Kochbuch werden sollte – mehrfach be- und überarbeitet, ergänzt, unverändert nach- oder neu aufgelegt, faksimiliert, nachempfunden, plagiiert und in zahlreiche Sprachen übersetzt. In Sprockhövel hatte seine Autorin, Henriette Davidis (1801–1876), viel Zeit investiert, um die Rezepte nachzukochen, die darin Eingang fanden. Auch wenn dem frommen „Jettchen" das „Arbeiten für ein Kochbuch" wegen der „materiellen Beschäftigung kein Vergnügen" bereitete, lag im überprüfenden Kochen ein Geheimnis ihres Erfolgs, das sie klug zu nutzen wusste. In einem Werbetext zur dritten Auflage 1856 formulierte sie den Anspruch, den die Leserin an ihr *Praktisches Kochbuch für die gewöhnliche und feinere Küche*, wie die Publikation nun betitelt ist, stellen durfte: „Erstens enthält unser Buch nur zuverlässige Vorschriften, meist selbst geprüfte, doch sind es nicht einzig und allein die guten Rezepte, […] es ist zugleich die Deutlichkeit und Rücksicht, die bei der Bearbeitung auf ganz Ungeübte genommen worden, so, daß das Buch gleichsam als Anleitung würde dienen können. Das ist gelungen. Wie ich allgemein höre, können Kinder danach kochen, vielmehr völlig ungeübte junge Frauen. Das gute Geraten vermehrt die Lust und bildet bald gute Köchinnen."

Das Buch ist mit über 1.500 systematisch nach Produktgruppen geordneten Rezepten einerseits eine Sammlung, die von Grundrezepten bis

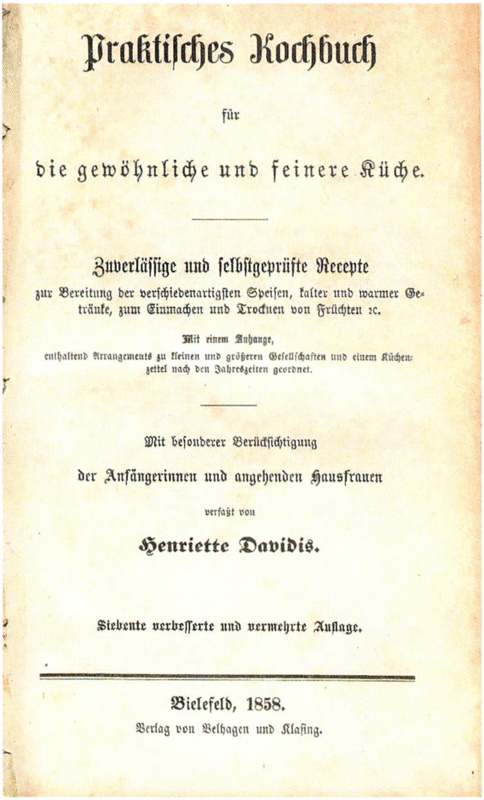
Praktisches Kochbuch

für

die gewöhnliche und feinere Küche.

Zuverlässige und selbstgeprüfte Recepte

zur Bereitung der verschiedenartigsten Speisen, kalter und warmer Getränke, zum Einmachen und Trocknen von Früchten zc.

Mit einem Anhange,

enthaltend Arrangements zu kleinen und größeren Gesellschaften und einem Küchenzettel nach den Jahreszeiten geordnet.

Mit besonderer Berücksichtigung

der Anfängerinnen und angehenden Hausfrauen

verfaßt von

Henriette Davidis.

Siebente verbesserte und vermehrte Auflage.

Bielefeld, 1858.

Verlag von Velhagen und Klasing.

zur aufwendigen Gourmetküche, vom Konservieren bis zum Wursten, von der Likörherstellung bis zur Krankenküche reicht, alle Anforderungen an den bürgerlichen Haushalt abdeckt und in der Rezeptauswahl auf zahlreiche Zubereitungen aus den Regionalküchen im deutschsprachigen Raum zurückgreift (in Dortmund fühlt man sich Henriette Davidis auch deshalb verbunden, weil sie das bereits im Mittelalter urkundlich erwähnte Gulaschgericht „Pfefferpotthast“ als „Nationalgericht“, spätere Ausgabe reduzieren auf „Spezialgericht“, in ihr Buch aufnimmt). Auf der anderen Seite ist es eine Küchenlehre, die auf die Erfordernisse der idealen Küche, auf Kochgerätschaften, Geschirr und Besteck sowie auf den Küchenkalender eingeht. Was wird aufgetischt, wenn eine große Gesellschaft ins Haus steht? Wie wird angerichtet und bedient? Wie können Reste verwertet werden? Und wie gelingt vorausschauendes Wirtschaften auch in Zeiten knapper Kassen? Auf all diese Fragen liefert Henriettes Kochbuch Antworten. Die bürgerlichen Tugenden Reinlichkeit, Sparsamkeit, Achtsamkeit, Aufmerksamkeit und Ordnung sind ihr dabei oberstes Gebot. Gegenüber dem Einsatz von Konserven oder neuen Produkten wie dem Geliermittel Agar-Agar zeigt sie sich offen: „Eine moderne praktische Hausfrau wird diese Neuerungen nicht aus dem Auge lassen und Suppen, Puddings und dergl., die sich in kurzer Zeit und äußerst billig aus fertigen Pulvern herstellen lassen, gern zur Abwechslung auf den Tisch bringen." Bemerkenswert ist auch die namentliche Nennung von Produktmarken. Ob sie im Dickicht wachsender Neuentwicklungen der Orientierung dienen sollte oder vergütet wurde, lässt sich nicht mehr nachweisen. Die fundierte Haushaltslehre, die auch Angebote für diejenigen enthielt, die keinen aufwendigen Haushalt führen konnten, und das in ihr vermittelte Bild der Haus- und Ehefrau entwickelte sich jedenfalls zu einem beliebten Hochzeitsgeschenk, das im 19. und frühen 20. Jahrhundert zur Grundausstattung vieler deutscher Haushalte gehörte.

SPÄTE LIEBE ZUM SCHREIBEN

Johanna Friederika Henriette Katharina Davidis ist Mitte Vierzig, als sie diesen Bestseller auf den Markt bringt. Sie lebt in einer Zeit des Umbruchs. 1801 als zehntes von dreizehn Kindern in Wengern geboren, heute ein Stadtteil von Wetter/Ruhr, wird bereits im lutherischen Pfarrershaushalt ihrer Eltern der Grundstein für ihren Fundus an Erfahrungen gelegt, auf den sie in ihren späteren Schriften zurückgreifen wird. Wie in damaligen bürgerlichen Kreisen üblich, besuchte Henriette nach der Konfirmation die Höhere-Töchterschule in Schwelm, unterbrach die Ausbildung jedoch, um ihrer Schwester in Bommern, heute ein Stadtteil von Witten, für vier Jahre bei der Haushaltsführung zu helfen und erlernte anschließend in Elberfeld, heute ein Stadtteil von Wuppertal, den Beruf der Erzieherin. Wann immer die Familie auf ihre Unterstützung verzichten konnte, führten sie Anstellungen als Erzieherin und Gesellschafterin nach Bremen, in die Schweiz, ins niedersächsische Windheim, nach Levern bei Minden und ins sauerländische Medebach. Zweimal war Henriette verlobt, zweimal verstarben die Zukünftigen, ohne ihr Eheversprechen einlösen zu können. Ledig, ohne eigenes Zuhause und Einkom-

»Das Kochen ist schon der Gesundheit wegen nicht als Nebensache zu betrachten.«
Henriette Davidis

men bezog sie 1841 bei Verwandten in Sprockhövel Quartier. Hier war sie bis 1848 in der Ausbildung tätig und gab ihrem Leben eine neue Richtung, indem sie zu schreiben begann. Aufgrund ihrer Berufserfahrungen und wohl auch einer praktischen Veranlagung beschränkte sie sich dabei aber nicht auf eine „geprüfte" Rezeptsammlung, sondern bettete diese in den Kontext der modernen bürgerlichen Haushaltsführung ein. Dieser „ganzheitliche Ansatz" und ihre allgemeinverständliche Sprache führten dazu, dass der ersten Auflage des *Praktischen Kochbuchs* schon 1845 eine weitere Auflage folgte, 1846 eine dritte und so fort.

DER TRAUM, VOM SCHREIBEN ZU LEBEN

Für Henriette Davidis bedeutete der Erfolg ihres Erstlingswerks einen Schritt in die finanzielle Unabhängigkeit. 450 Taler erhielt sie für die erste Auflage – so viel wie ein Sprockhöveler Bergmann in drei Jahren verdiente –, im Gegenzug ging das Manuskript in den Besitz des Verlags über. Für ihre regelmäßigen Überarbeitungen wurde sie zwar bezahlt, klagte aber über die geringe Honorierung in Anbetracht des Erfolgs. Ihr Autorenleben lang war das Geld Thema und Streitpunkt in ihrer Korrespondenz mit dem Verlag, und immerhin gelang es ihr, ihr Aktualisierungshonorar auf diese Weise in gut dreißig Jahren kontinuierlich von 50 auf 1.000 Taler zu erhöhen. Solange ihre Eltern lebten, hatte Henriette Davidis das wohltätige, aufopferungsvolle und tugendhafte Leben geführt, das sie propagierte. Nun entwickelte sie sich zusehends zu einer selbstbewussten und durchsetzungsfähigen Geschäftsfrau, die in der Öffentlichkeit stand.

1848 zog es Henriette als Gesellschafterin nach Bremen, vier Jahre später kehrte sie nach Bommern zurück und wurde 1857 in Dortmund sesshaft. Sie entpuppte sich als produktive Autorin. Noch in Sprockhövel hatte sie zwei kleinere Schriften verfasst, die später im *Praktischen Kochbuch* aufgingen, sowie einen Gedichtband. Es erschienen kürzere Spezialkochbücher und Leitfäden, vor allem aber entwickelte sie ein mehrbändiges Bildungsprogramm, das Frauen vom Mädchenalter an auf ihren Beruf als kreative, hingebungsvolle und sparsame Gattin und Mutter vorbereitete. Henriette Davidis unterstützte ihre Leserinnen darin nicht nur mit praktischen Ratschlägen bei der Bewältigung ihrer hausfraulichen Pflichten, sondern verstand sich auch als verständnisvolle und zugewandte Freundin.

Henriette Davidis starb am 3. April 1876 als wohlhabende Frau, ihr *Praktisches Kochbuch* wurde gerade mit 40.000 Exemplaren in der 21. Auflage gedruckt. Ihre letzte Ruhestätte fand sie auf dem Dortmunder Ostenfriedhof. Sie hatte die wirtschaftlichen und gesellschaftlichen Veränderungen erkannt, die die Industrialisierung für Frauen mit sich brachte, und wusste sie für sich zu nutzen. Denn als erfolgreiche Autorin gelang ihr, was nur wenigen ihrer Leserinnen und kaum einer Schriftstellerin ihrer Zeit vergönnt war: Sie war finanziell unabhängig und konnte von den Einnahmen ihrer Bücher leben.

Friederun
Köhnen

FRIEDERUN KÖHNEN

BLICKE ÜBER DEN TELLERRAND

Zwei Weltkriege und mehr als 120 Jahre nach Henriette Davidis schickt sich in Sprockhövel eine weitere Frau an, die Essgewohnheiten der Deutschen zu beeinflussen. Im Keller ihres Elternhauses richtet Friederun Köhnen (geb. 1942 in Dresden) aus alten Bombenkisten und einem Herd, der befeuert werden muss, ihre Versuchsküche ein. Ihr Kapital: 600 DM und Vertrauen in die eigenen Kochkenntnisse, gepaart mit einem Gespür für die Bedürfnisse ihrer Zeit und einer gehörigen Portion Selbstbewusstsein. Denn 1967 ist der Schritt in die Selbstständigkeit für eine Frau ebenso ungewöhnlich wie Köhnens unumwundene Akquisetechnik.

Ende der 1960er-Jahre ist die Zahl der berufstätigen Frauen deutlich gestiegen, und die Nahrungsmittelindustrie setzt zunehmend auf praktische, zeitsparende Fertigprodukte. Friedrun Köhnen, die sich beim Ausbau ihres Geschäftes und der Entwicklung neuer Produktideen auf eine scharfe Beobachtungsgabe verlassen konnte, erkennt den Trend. In der Gewissheit, dass moderne Frauen immer weniger Zeit für Haushalt und Küche aufbringen können und möchten, greift sie zum Telefonhörer und überzeugt den Inhaber einer Gelsenkirchener Schälmühle, seine Hülsenfrüchte nicht nur getrocknet, sondern auch verarbeitet in Dosen anzubieten – und ihm die Rezepte zu den Fertiggerichten zu liefern. Damit ist der Grundstein für ihr Unternehmen gelegt. Weitere Auftraggeber folgen.

DIE VIELSEITIGE VERSUCHSKÜCHE

Suppen, Senf, Kekse, Würstchen – in Friederun Köhnens Versuchsküche wird nun überlegt, gekocht, verworfen oder überarbeitet, was den Gaumen der Verbraucher kitzeln soll. Der Siegeszug tiefgekühlter Lebensmittel, die in den 1970er-Jahren die Angebotspalette spürbar erweitern, spielt Friederun Köhnen dabei in die Karten, denn dem durchschnittlichen Haushalt steht nun zur Verfügung, was vorher nur in der Gastronomie angeboten wurde. „Überlegen Sie mal: Es gab noch kein Speiseeis, keine Pommes, keine Pizza. Die Tiefkühlung brachte eine Revolution in den Essgewohnheiten", beschreibt sie in einem Interview die Ausgangslage – ein Glücksfall für ihr Unternehmen, das diese Entwicklung mit zahlreichen Tiefkühl-Rezepturen begleitete.

REZEPTE MIT GELINGGARANTIE

Zeitgleich ging Tante Emma in Rente. Immer mehr kleine Einzelhandelsgeschäfte und Kolonialwarenmärkte wichen Supermärkten und Discountern. Was zuvor lose verkauft und in Papiertüten abgewogen über die Ladentheke ging, wurde in diesen Selbstbedienungsmärkten verpackt angeboten. Mit Bildern und Rezepten auf den Verpackungen sollten die Produkte den Kunden schmackhaft gemacht werden. Friederun Köhnen fackelte nicht lange: Sie bot den Herstellern an, diesen Teil der Arbeit für sie zu übernehmen. Viele Verpackungsrezepte, die den Verbraucher mit einem Produkt vertraut machen sollten und mit „Gelinggarantie" in deutschen Haushalten nachgekocht wurden, entstammten der Versuchsküche von Friederun Köhnen, die sie 1972 um eine Food-Redaktion ergänzte. Dabei behielt sie stets im Auge, dass sich die Lebensbedingungen und Vorlieben veränderten. Wo körperliche Arbeit einst nach kräftiger Hausmannkost verlangte, verlagerte sich die Nachfrage in der Dienstleistungsgesellschaft auf leichtere Gerichte. Linsen finden sich nun in einem knackigen Salat anstatt im Eintopf zu verkochen. Auch Bio lag Anfang der 1980er-Jahre schon im Trend, und die Reiselust der Deutschen erweiterte das Angebot der Nahrungsmitteindustrie. Mozzarella und Mascarpone, Sojasauce und Tofu finden einen Platz in den Supermarktregalen – und Friederun Köhnens Rezepte zeigen, was sich daraus zubereiten lässt.

Doch nicht nur hier schaut die Unternehmerin über den Tellerrand. Auch in der sich wandelnden Medienlandschaft sieht sie Aufgaben. Seit Anfang der 1970er-Jahre, das Fernsehen ist in deutschen Haushalten angekommen, entwickelt sie gemeinsam mit dem WDR für die Sendung „Hier und Heute" im dritten Programm wöchentlich Rezepte, Koch- und Küchentipps. Beim Start des Privatsenders RTL ist sie mit einer neuen Kochsendung von der Partie. „Als RTL sich gründete in Luxemburg", erinnert sich Köhnen, „da bin ich hingegangen und hab' gesagt: ‚Hallo, hier bin ich. Ich will euch eine Kochsendung machen. Ich bringe euch das Geld mit. Von der Industrie.'" Für den Sender, dem für seine ersten selbst produzierten Formate noch kaum Geld zur Verfügung stand, klang nicht nur das attraktiv. Auch Friederun Köhnens Versuchsküche war willkommen – sie wurde kurzerhand zum Kochstudio. „Komm doch mal in die Küche" hieß ihr unterhaltsames Format, das sie von 1984 bis 1988 zusammen mit Horst Tempel moderierte. Die beiden zeigten nicht nur, wie Lebensmittel zubereitet werden, sie kochten zusammen wie Freunde, unterhielten sich, gaben Haushaltstipps, luden Gäste ein und begründeten damit eine neue Präsentationsform.

»Man muss nur den Mut haben, Ideen umzusetzen. Nicht darüber reden, sondern machen.«

Friederun Köhnen

Heute steht Friederun Köhnen dem Aufsichtsrat ihres Unternehmens Food Professionals Köhnen AG beratend zur Seite. Aus den Zutaten ihrer Zeit, einem Gespür für deren Kombination und für das richtige Timing entwickelte sie das Rezept, das aus der Self-Made-Frau eine erfolgreiche Unternehmerin machte.

AUFBRUCH IN NEUE DIMENSIONEN

SPORTVERRÜCKTE REVIER-FRAUEN

Unterschiedlich sind die Charaktere, die Herkunft und die Beweggründe der Frauen, die hier mit ihrem Mut, ihrer Entschlossenheit, Standhaftigkeit und ihrem Durchsetzungsvermögen stellvertretend für die abenteuerlustigen, aber vor allem sportverrückten Frauen des Ruhrgebiets vorgestellt werden.

All diese Frauen verbindet, für eine große Idee zu brennen. Weitestgehend auf sich gestellt, befreien sie sich von Rollenmustern, überschreiten Grenzen und dringen dabei in vermeintliche Männerdomänen vor, zu denen auch der spät eroberte heiß geliebte deutsche Fußball gehört. Noch 1955 verbot der Deutsche Fußballbund Vereinen, Frauenabteilungen zu gründen oder Frauen auf ihren Plätzen spielen zu lassen; Schiedsrichter durften keine Frauenspiele leiten. Die Damen organisierten sich kurzerhand selbst und gespielt wurde auf Teufel-komm-raus … Auffallend viele erfolgreiche Frauen im Fußball kamen und kommen aus dem Ruhrgebiet und haben dem Frauenfußball entscheidende Impulse gegeben.

Thea
Rasche

THEA RASCHE UND LUISE HOFFMANN

TOLLKÜHNE KUNSTFLIEGERINNEN

Thea Rasche Sie war *die* international bekannte Pilotin, ein Star in den USA, wo sie von Presse und Politprominenz gefeiert und ins Weiße Haus eingeladen wurde. Im ersten Drittel des 20. Jahrhunderts war die Fliegerei eine noch junge Disziplin und – fast – ausschließlich eine Männerdomäne. Zu den selbstbewussten Pionierinnen der Lüfte gehörte auch die 1899 in Unna geborene und in Essen aufgewachsene Theodora, genannt Thea, Rasche (1899–1971). Schon früh erkannte sie, dass ihre Bestimmung das Fliegen ist. Seit sie 1914 im Alter von 15 Jahren erstmals als blinde Passagierin mit Militärpiloten geflogen war, ließ sie dieser Gedanke nicht mehr los. Zielstrebig und durchsetzungsstark sollte sie ihren Lebenstraum verfolgen und sich mit scheinbar unermüdlicher Energie allen Schwierigkeiten, die sich ihr in den Weg stellten, widersetzen: Armut, Krankheit, technische Pannen, Verzicht und schlichtweg Pech sollten zu den ständigen Begleitern werden, die sie mit langem Atem bekämpfte.

FRÜHE FLUGVERSUCHE

In bürgerliche Kreise hineingeboren, sah der strenge Vater, Direktor der Essener Aktien-Brauerei, für die höhere Tochter eine „gute Partie" vor, die den Fortbestand des Unternehmens sichern sollte. Doch Thea hatte andere Pläne und riss aus. Von schlechtem Gewissen geplagt kehrte sie als angehende Landwirtin jedoch zur kranken Mutter zurück und ließ sich heimlich außerdem zur Schreibkraft ausbilden – für alle Fälle. Als der Vater ihr den von ihm gewünschten Heiratskandidaten quasi vor den Traualtar stellte, lehnte sie dankend ab und verdingte sich lieber als Gutsverwalterin auf Gut Jühnsdorf bei Berlin. In Münster nahm sie vom

Thea Rasche
1927 in ihrem
„Flamingo“

123

Munde abgesparte Flugstunden, ließ sich in der Rhön von den berühmten Piloten Ernst Udet und Paul Bäumer im Kunstflug ausbilden und bestand schließlich mit einer klapprigen und noch kurz vor dem Start eigenhändig reparierten Maschine 1925 die Prüfung.

Zunächst von der breiten Öffentlichkeit noch wenig beachtet verzeichnete Thea Rasche frühe Erfolge im Flugsport: 1925 erwarb sie den A2-Sportflugschein, im selben Jahr den Kunstflugschein und war damit die erste deutsche Kunstfliegerin. Sie nahm 1926 am Großflugtag in Berlin-Tempelhof sowie am Industrierennen in Essen teil, wo „die rasche Thea" 1927 gar den ersten Platz in ihrer Klasse belegte, ebenso wie im Geschicklichkeitsflug. Braungebrannt und in schlecht sitzender Fliegerkombi zeigte sie sich auf Fotografien jener Zeit fast etwas verlegen und hatte doch so viel für weibliche Pilotinnen erreicht. Es fehlte ihr jedoch am Glamour der smarten Fliegerkolleginnen Elly Beinhorn oder Amelia Earhart; sie sollte die bescheidene, oft verkannte Vorreiterin bleiben.

Eine Einladung in die USA 1927 eröffnete dem Fliegertalent, das bis dahin mit den Flugschauen von Udet und Bäumer durch Deutschland tingelte, schließlich eine neue Welt. Theas waghalsige Loopings um die Freiheitsstatue lösten Begeisterungsstürme aus, Vortragsreisen folgten. Für ihre Leistungen wurden Thea Rasche in den USA zahlreiche Ehrungen zuteil, die Sender rissen sich um persönliche Berichte der dank vieler Reisen in frühester Jugend fließend Englisch sprechenden Heldin – in ihrer Heimat hingegen wurde sie kaum gewürdigt. Dennoch scheute Thea Rasche auch unter Mühen die endgültige Besteigung des fliegerischen Olymps nicht: Unbeirrbar, idealistisch und mutig nahm die „Queen of Aces" 1929 als einzige Deutsche mit einer lächerlich untermotorisierten Maschine am legendären „Cleveland Women's Air Derby", als „Puderquastenrennen" verhöhnt, teil. Auf den acht Etappen von Los Angeles bis Cleveland durchlebte die von einem Magenvirus gepeinigte Pilotin technische Schwierigkeiten, Sandstürme und Notlandungen. Zwar nötigen ihre ausgeprägte Orientierungsgabe und ihr überragendes fliegerisches Können den technisch weitaus besser ausgestatteten Kolleginnen und der Fliegerwelt allergrößten Respekt ab, ein Preis war allein damit jedoch nicht zu gewinnen. Immerhin wurde Thea als erste Frau Ende der 1920er-Jahre Mitglied des elitären US-Militärfliegerclubs „Quiet Birdmen". Von ihr wurde der erste Transatlantikflug einer Frau erwartet, schon meldeten sich amerikanische Sponsoren – allerdings um den Preis, die amerikanische Staatsbürgerschaft anzunehmen. Die heimattreue Thea lehnte ab und nahm das Unterfangen selbst in die Hände: Sie sammelte Spenden und vermarktete Accessoires mit ihrem Namen – um am Ende um ihr Geld betrogen zu werden. Was ihr blieb, war die Erkenntnis, dass das Fliegen dazu beitragen könne, die Rolle der Frau in der Gesellschaft zu verändern und eine länderübergreifende friedliche Verständigung der Menschen zu fördern. Pekuniäre Probleme zwangen sie 1933 in Deutschland, ihr Flugzeug zu verkaufen. Dem Vater, der die Restschulden bezahlte, versprach sie notgedrungen, nie wieder zu fliegen. Bald machten sich besser gestellte Fliegerinnen selbstbewusst und spektakulärer inszeniert zu viel bestaunten Langstreckenflügen auf.

»Zu spaßig hat es oft ausgesehen, wenn die großen und schnellen Maschinen mit ihren 200 PS sich an meine kleine Kiste anhängten, […] um mit mir Schritt halten zu können.«

Thea Rasche

Thea Rasche war nur noch ein letzter Triumph vergönnt: Als Chefredakteurin der „Deutschen Flugillustrierten" lieferte sie 1934 von Bord einer niederländischen Maschine als einzige Live-Reporterin Berichte vom „Internationalen Flugzeugrennen für den Frieden" in Australien und wurde dafür wegen „Propaganda" für die so betriebene Völkerverständigung abgemahnt, die Zeitschrift eingestellt. Thea Rasche schlug sich fortan als Fotolaborantin, Fotografin, Journalistin und Vertreterin durch.

Luise Hoffmann Wie Thea Rasche lernte auch Luise Hoffmann (1910–1935) das Fliegen in Münster. Gerade einmal 18 Jahre alt war die in Gelsenkirchen geborene Tochter eines Bäckermeisters, als sie den A-Schein und den Kunstflugschein erwarb. Widerstände gegen ihre kühnen Pläne gab es in Luise Hoffmans Familie nicht: Deutschlands jüngste Sportfliegerin hatte ihre Eltern leicht von ihrer Leidenschaft für die Lüfte überzeugen können und der Vater hatte bereitwillig sein Erspartes für die „Luftnummern" des Töchterchens gegeben. Ende der 1920er-Jahre machte dieses beim Flieger-Ass Fritz Seelbach nicht nur den Flugzeugführerschein A2, sondern auch direkt den Kunstflugschein. Mit ihrem Doppeldecker „Spatz", einem Geschenk der Eltern, führte sie bald ihre gewagten Kunstflugfiguren bei Flugtagen vor und wurde schließlich überraschend bei der Ersten Deutschen Kunstflugmeisterschaft in Bonn 1930 direkt Zweite nach Liesel Bach – die große Elly Beinhorn hatte sie auf den dritten Platz verwiesen. Und auch sonst lief die fliegerische Karriere vom Start weg „wie geschmiert".

»Elegant, leicht beschwingt, auf der Seite, auf dem Rücken trollt sich die Maschine. […] Das ist mehr als mechanisierte Technik, hier belebt der menschliche Geist die tote Maschine […].«

Über den Kunstflug von Luise Hoffmann

ERSTE WERKSPILOTIN EUROPAS

Es mag am unbekümmerten, fröhlich-kecken Wesen der sportbegeisterten jungen Frau gelegen haben, dass ihr vom Start weg eine fliegerische Karriere gelang; das „Peterle", wie sie in der Männerwelt genannt wurde, war allseits beliebt. So wundert es nicht, dass sie bei der Flugzeugfirma Bücker in Berlin 1935 nach reichlich gesammelter Erfahrung auf zahllosen Flugtagen die verantwortungsvolle Position einer Werkspilotin ergatterte – als erste Frau in dieser Position in ganz Europa. Luise Hoffmann wurde als erste Berufspilotin international zur charmanten Werbefigur der Firma und eroberte Herzen und Aufträge im Sturm, während sie neue Maschinen einflog und nah und fern vorführte. Auf dem Rückflug von Präsentationen in der Türkei, Griechenland, Rumänien und Jugoslawien jedoch geriet die junge Fliegerin 1935 bei Wien in dichten Nebel und ihre Maschine streifte Baumkronen, fing Feuer und Luise Hoffmann erlitt schwerste Verbrennungen. Sie starb am 27. November und fand ihre letzte Ruhestätte auf dem Friedhof in Bochum-Werne. Am Grab erwies unter anderem Thea Rasche ihrer nur 25 Jahre jungen Fliegerkollegin die letzte Ehre. So unterschiedlich beide Lebenswege und Karrieren waren: Jede hatte auf ihre Weise die Cockpit-Tür zur Luftfahrt für Frauen ein ganzes Stück weit geöffnet.

Die Stars der Fliegerszene nach dem Ersten Weltkrieg: Elly Beinhorn (links), Thea Rasche (Mitte), Liesl Bach (rechts)

Clärenore Stinnes

CLÄRENORE STINNES

AMAZONE AUF GUMMI

„An der jungen Dame fällt auf, dass sie jung ist. Dass sie Hosen trägt [...] Dass sie klein und niedlich ist, wie eine Studentin. Einen martialischen Hut trägt sie, Borsalino, Fasson [...] Dass sie in einem fort Zigaretten raucht und gern und viel lacht." So beschrieb eine Illustrierte 1927 Clärenore Stinnes (1901–1990) und hatte damit in vielem Recht. Nur eines war das Fräulein Stinnes ganz gewiss nicht: niedlich. Als drittes von sieben Kindern wurde Clara Eleonore, genannt Clärenore, 1901 als Tochter des Mülheimer Großindustriellen Hugo Stinnes geboren. Clärenore war privilegiert und hatte es doch oder gerade deshalb schwer: der geliebte und bewunderte Vater ein Industriemogul, der streng auf sparsame Lebensführung achtete und nur selten daheim war, die forsche und unnahbare Mutter, die zur ältesten Tochter wenig Neigung zeigte, wohl aber ihre Söhne bevorzugte. Schon jung zeigte Clärenore hohes technisches Verständnis sowie ungewöhnliches Organisations- und Orientierungsvermögen. Sie trug die Kleidung ihrer Brüder auf und ihre Lieblingslektüren wurden „Im Auto um die Welt" von Hans Koeppen, die „Autotechnische Bibliothek" und „Die Kunst des Fahrens" – hilfreich, wenn man sich wie Clärenore in einer Autowerkstatt tummelte. Auch wenn sie am Mülheimer Lyzeum ihr Abitur – außerdem mit 18 ihren Führerschein – machte und eine landwirtschaftliche Ausbildung absolvierte, blieb der Tochter aus bestem Hause das ganz gewöhnliche Alltagsleben völlig fremd, genauso fremdelten auch die Altersgenossinnen mit ihr.

Wie gerne wäre sie, ständig auf der Suche nach einer zu ihr passenden sinnvollen Aufgabe und Perspektive für ihr Leben, die rechte Hand des Vaters in der Firma geworden! Der Vater brachte noch am ehesten Verständnis für die Tochter auf und sein Auftrag, für die Firma in Südamerika die Marktchancen auszuloten, nährten ihre Hoffnungen auf eine Führungsposition. Doch vergebens, der Vater starb und sie musste akzeptieren: In der Firma war kein Platz für eine Frau. Wutentbrannt rauschte Cärenore nach Berlin, gründete selbst eine Handelsfirma (sie hatte das Potenzial der Lub-Pumpe zur Zentralschmierung von Automobilen erkannt), ging pleite, lebte äußerst bescheiden und hielt sich mit allerlei Jobs über Wasser. Bald sollten sie ihre Markenzeichen werden: der Herrenanzug, die Krawatte, der zerknautschte Borsalino und die nie erlöschende Zigarette. Sie begann, sich ins Renngeschehen zu stürzen: Die Avus in Berlin wurde ihre „Hausstrecke", hier lehrte das Fräulein Stinnes so manchen männlichen Beifahrer das Fürchten. Und siehe da: Die Dinos-Automobilwerke boten ihr an, Rennen zu fahren – Ergebnis egal, der Faktor „Frau am Steuer" sollte einfach werbewirksam für Aufsehen sorgen. Da hatte man aber nicht mit Clärenore gerechnet: 1925 gewann sie vor 52 Männern mit einem AGA die Allrussische Prüfungsfahrt und galt zwischen 1925 und 1927 als erfolgreichste Rennfahrerin Europas.

»Soweit ich in meine Kindheitstage zurückblicken kann, war ich nie frei von dem Wunsch nach Abenteuern. In mir lag das Drängen nach dem großen Unbekannten«

Clärenore Stinnes

WARUM NICHT DIE WELT UMRUNDEN?

Entschlossen ergriff die kleine Frau mit der großen Leidenschaft für den Automobilsport schließlich die Chance, die ihr Leben tiefgreifend verändern sollte: Vor ihr lagen die knapp 50.000 Kilometer einer Weltumrundung mit dem Auto, ein Abenteuer, das zuvor noch niemand gewagt hatte. Und Clärenore will es mit einem 50-PS-„starken" Adler Standard 6 mit der Höchstleistung von 80 km/h, einem „Alltagsauto", angehen. Mit einem Begleitfahrzeug, zwei Technikern, dem schwedischen Fotografen und Kameramann Axel Söderström, Hund Lord, einem Grammophon, drei Gewehren und 128 hart gekochten Eiern bricht Clärenore im Mai 1927 auf. Nicht, ohne dass die Pragmatikerin zuvor ohne jede familiäre Unterstützung Sponsorengelder gesammelt, Reisepapiere organisiert und Zeitungs-, Buch- und Filmverträge abgeschlossen hätte.

Über Prag, Budapest, Konstantinopel, Bagdad, Teheran, Moskau geht es nach Peking, Japan, Hawaii, Nord- und Südamerika – in Orte und Gegenden, von denen Europäer zuvor bestenfalls gehört hatten, Orte, an denen nie zuvor ein Auto gewesen war, geschweige denn, dass es dort Straßen gab. Streng gegen sich selbst und andere fuhr und reparierte Clärenore, wusch und kochte auf einem Petroleumkocher, rauchte viel und schlief wenig. Vor allem aber: Erstmals lernte sie, sich zu fügen und auf andere Rücksicht zu nehmen. Da hatten die Techniker allerdings längst angesichts der Strapazen und des rüden Umgangstons der sie pausenlos antreibenden „Generalin" das Handtuch geworfen. Mit Söderström trotzte sie Entbehrungen und Hunger, Kälte und Hitze, Krankheiten, Überfällen und anderen Torturen, sah sie doch erstmals, welchen Widrigkeiten sich Menschen auf der ganzen Welt dem Leben stellen müssen. Dank ihres Mutes, ihres ungebrochenen Willens und scheinbar unerschöpflicher Energie schafften sie die Passage über den zugefrorenen Baikalsee, schleppten das Auto per Flaschenzug über Andenpässe und durchquerten die Wüste Gobi in Rekordzeit. Der Empfang auf der Avus nach der Fahrt durch 23 Länder wurde, nicht zuletzt dank Clärenores guter Pressearbeit, triumphal. Die Erlebnisse hatten die beiden Weltenbummler zusammengeschweißt: Axel Söderström ließ sich scheiden und heiratete Clärenore. Sie lebten zurückgezogen, bis man sich Jahrzehnte später der Leistung dieser Frau wieder in gebührendem Maße erinnerte. Sie hat ganz einfach gemacht, was sie wollte, ohne sich durch ihr Geschlecht oder geografische Grenzen hindern zu lassen. So, wie sie 1927 die Frage beantwortete, auf welchem Weg man denn von China nach Amerika gelange: „Nach Japan einfach links."

1927 startete Clärenore Stinnes ihren erfolgreichen Versuch, mit einem fabrikneuen Adler Standard 6 die Erde zu umrunden. Sie legte dabei 48.000 Kilometer zurück. Ihr

Team bestand anfangs aus zwei Mechanikern und dem schwedischen Kameramann Carl-Axel Söderström (links).

Christa
Kleinhans

Die Mannschaft von Fortuna Dortmund in den 1950er- Jahren; die Dame mit dem Ball in der Hand ist Christa Kleinhans.

CHRISTA KLEINHANS

DES FUSSBALLGOTTES UNGELIEBTE TOCHTER

Gleichberechtigung besteht ja bekanntlich nur auf dem Papier, auf dem das Grundgesetz gedruckt ist, und das musste auch eine Vorkämpferin in Sachen Frauenfußball am eigenen Leib erfahren. Wie viele Fußballerinnen begann Christa Kleinhans (*1937) als Straßenfußballerin. In Dortmund-Hörde aufgewachsen, dribbelte, foulte und schoss die kleine Christa mit Billigung der Eltern, dass den Jungs Hören und Sehen verging. Aber als die Jungs Ende der 1940er-Jahre in Vereine gingen, blieb die kleine Christa draußen – Fußballclubs waren für Männer.

Das „Wunder von Bern" war die Initialzündung für Frauenfußballerinnen wie Christa Kleinhans, Gisela Lehmann, geborene Lubin, Irmgard Statzner, geborene Lammers, Lotti Beckmann und viele andere – nun gab es kein Halten mehr. Sie alle wurden Mitglieder bei einem der Frauen-Fußball-Clubs des Ruhrgebiets: Grün-Weiß Dortmund, Fortuna Dortmund, Blau-Weiß Oberhausen, Gruga Essen, FC Recklinghausen, DFC Duisburg-Hamborn und andere, die sich jetzt in zunehmender Zahl gründeten. Christa spielte zunächst bei Grün-Weiß Dortmund, dann wurde Fortuna Dortmund auf sie aufmerksam. Trainiert wurde zum Teil in Schwerte auf einem Handballplatz (Handball war in den 1920er-Jahren als körperloser Sport für Frauen „erfunden" worden), und die Frauen pfiffen auf die Angst der Männerwelt vor unschönen blauen Flecken an zarten Frauenbeinen.

Das Ruhrgebiet sollte zur richtungsweisenden Frauenfußball-Hochburg werden. Zeitgleich mit der Gründung von Gruga Essen und dem dominantesten Damenfußballteam Fortuna Dortmund um Anne Droste und Renate Müller, geborene Bress, kam 1955 zwar das Verbot des Frauenfußballs durch den DFB. Doch nun trotzten Christa und die anderen Damen dem Verbot und trainierten zweimal die Woche abends, oft nach beschwerliche Anreise zum Platz; Trainer war Anne Drostes Bruder Karl-Heinz. Teure Sportkleidung wurde im Sportgeschäft abgestottert, der Sportplatz: im Garten, auf der Kuhwiese, auf dem Stahlwerksplatz.

»Meine Gegenspielerin gab mir ordentlich in die Rippen und auf die Socken. Da hab ich ihr eine gescheuert.«

Christa Kleinhans

AUF DER ERFOLGSSPUR

1957 fiel Christa Kleinhans mit der Trikotnummer 9 als Rechtsaußen mit ihrem Mordsschuss beim zweiten Länderspiel Deutschland : Niederlande in München auf. Das Team gewann vor 14.000 Zuschauern und zwei der vier Tore gingen auf das Konto von Christa Kleinhans. Die Damen begeisterten auch international, so etwa auf der Italien-Tournee 1962. Bis der Verein 1965 wegen Nachwuchsmangel aufgab, man hatte 150 Länderspiele bestritten, stammte das Gros der Damennationalmannschaft von Fortuna Dortmund. Christa Kleinhans spielte danach Handball und schaffte es mit dem UTG Witten, natürlich, in die Bundesliga. Und wurde Vizeweltmeisterin im Tandem-Kegeln.

Annike Krahn und Alexandra Popp

ANNIKE KRAHN UND ALEXANDRA POPP

FRAUEN WIE THOMAS MÜLLER

Annike Krahn Leider – oder zum Glück – ist Frauenfußball heute noch nicht so ganz dem Männerfußball ebenbürtig. Die Höhe der Transfersummen und Honorare, aber auch die Zahl der Skandale und Marotten ist deutlich niedriger. Doch wie sich die Zeiten ändern: „Das kompromisslose Kraftzentrum", der „Terrier aus Bochum", so heißt es nicht etwa über einen jungen Mann, sondern über Annike Krahn (*1985), die Abwehrspielerin aus Bochum, die sich von der Pike auf in die Nationalmannschaft hochgearbeitet hat. Allerdings herrscht bei den Fußballfrauen eher Alltagsbetrieb statt Kult. Vieles haben sie noch mit den Sport-Pionierinnen gemein und müssen etwa neben Ausbildung und Beruf erkämpfen, was im „männlichen" Fußball längst gegeben ist. Fußballerinnen aus dem Ruhrgebiet tragen einen wesentlichen Teil zur Emanzipation der Damenriegen in Deutschland und zum guten Ruf des deutschen Frauenfußballs in der Welt bei.

»Das Nichttreten ist weiblich.«

F. J. J. Buytendijck, in: „Das Fußballspiel. Eine psychologische Studie", 1953

Annike Krahn fing im zarten Alter von vier Jahren mit dem Fußballspielen an. Nach Jugendstationen – von Westfalia Weitmar über die SG Wattenscheid 09 und damit die Regionalliga – spielte Krahn von 2004 bis 2012 beim FCR 2001 Duisburg, danach beim französischen Erstligisten und Champions-League-Finalisten Paris Saint Germain und ab 2015 bei Bayer 04 Leverkusen. Als Mitglied der deutschen Nationalmannschaft wurde sie Vize-Europameisterin und Weltmeisterin. Als eine der Top-Führungsspielerinnen Deutschlands feierte man Krahn schließlich als Weltmeisterin. Das Kind des Ruhrpotts mit dem Herzen auf dem rechten Fleck zeigt sich auf dem Platz schnörkellos, willensstark und arbeitsam, im Zweikampf zuverlässig und direkt. Sie selbst bezeichnet sich als ehrgeizig und heimatverbunden. „Mit Bochum verbinde ich Heimat, hier bin ich geboren, hier gehöre ich hin. Ich mag die Offenheit der Menschen und finde im Übrigen, dass es hier – entgegen vieler Vorurteile – durchaus viele schöne und grüne Ecken gibt", sagt sie. Der realistischen und pragmatischen Kämpferin am Ball war eine fundierte Ausbildung für die Zeit nach der Sportkarriere wichtig. Und so absolvierte die Diplom-Sportwissenschaftlerin ein Praktikum in der Marketingabteilung des VfL Bochum und arbeitete beim Organisationskomitee der Frauenfußball-WM.

»Die Frauenfußball-Nationalmannschaft ist ja schon Fußballweltmeister, und ich sehe keinen Grund, warum Männer nicht das Gleiche leisten können wie Frauen.«

Neujahrsansprache von Angela Merkel für 2006

Alexandra Popp „Eine Frau wie Thomas Müller" so titelte die Zeitschrift „Brigitte" und beschreibt damit Alexandra Popp (*1991), eine andere Hauptfigur im Kader der deutschen Nationalelf, aufs Trefflichste. Popp, in Witten geboren, war mit fünf Jahren das einzige Mädchen im FC Schwarz-Weiß Silschede in Gevelsberg. Gegen die Jungs wusste sie sich prima zu behaupten; mit 16 ging es zum 1. FFC Recklinghausen und schon ein Jahr später in die Bundesliga zum FCR Duisburg, mit dem „die Poppi" zweimal den DFB-Pokal (2009 und 2010) und 2009 den UEFA Women's Cup (Vorläufer der Champions-League) gewann. Man könnte fortfahren: Torschützenkönigin bei der U20-WM 2010, U20-Weltmeisterin 2012, Deutsche Meisterin 2013 und 2014 oder 2013 als Höhepunkt Gewinnerin des Triples mit ihrem heutigen Verein, dem VfL Wolfsburg ... Die junge Frau, Abwehr- und Stürmer-Star sowie Rekordschützin im Kader der Nationalmannschaft, absolvierte ein Praktikum als Physiotherapeutin und eine Ausbildung zur Tierpflegerin in einem Braunschweiger

Training auf dem Fußballplatz des Sportgeländes in Sprockhövel

Tierpark, schließlich geht das Leben nach der Fußballkarriere weiter. Etwas anders als bei den Männern geht es „neben der Arbeit" jeden Tag auf den Trainingsplatz, oft auch zweimal. Die immer ausgeglichene und gut gelaunte junge Frau von nebenan wurde nicht umsonst 2014 Fußballerin des Jahres. Der Umgang mit großen Tieren war wohl in jeder Hinsicht hilfreich. 2016 wurden Annike Krahn und Alexandra Popp für das Olympische Fußballturnier der Frauen in Brasilien in den Kader der Nationalmannschaft aufgenommen. Beim 2:1-Sieg im Finale gegen Schweden wurden sie mit der deutschen Frauenfußball-Nationalmannschaft erstmals Olympiasieger und gewannen die Goldmedaille.

RUHRGEBIET = *KULTURGEBIET*

LEBEN FÜR DIE KUNST

Das Ruhrgebiet ist von einer breiten Öffentlichkeit erst spät als „Kulturgebiet“ entdeckt worden. Viele der hiesigen Museen und Sammlungen haben heute insbesondere für die Kunst der Moderne ihren guten Ruf weit über die Grenzen der Region gefestigt. Häufig geht ihre Entstehung auf die Wende zum 20. Jahrhundert zurück, als wachsender Wohlstand zu einem gesteigerten ästhetischen Bewusstsein aufseiten der Unternehmer und des Bildungsbürgertums führte. Da die schwelende soziale Frage im Ruhrgebiet erst um diese Zeit weitestgehend befriedet worden war, setzte die Gründerzeit der Institutionen, die sich um die Sammlung und Vermittlung von Geschichte und Kultur bemühten, hier später ein als andernorts.

Auf die Gründung des Kunstvereins in Hamm (1886) folgte bis 1910 ein regelrechter Boom von Kunstvereinen und -museen, beispielsweise in Essen, Dortmund, Mülheim an der Ruhr oder Witten. Unternehmer engagierten sich zunehmend durch Subventionen von Theater- und Museumsbauten oder legten den Grundstein für private Kunstsammlungen, so etwa Gustav Lübke in Hamm, Karl Ernst Osthaus in Hagen oder Friedrich Alfred Krupp in Essen. Ihre Namen waren fest mit den jeweiligen Sammlungen, Museums- oder Theaterbauten verbunden, ihre Beweggründe unterschiedlicher Natur. So verstand Friedrich Alfred Krupp sein kulturelles Engagement als einen Beitrag, der dem Wohlergehen seiner Angestellten und Arbeiter, somit dem Betriebsklima und folglich auch seiner Firma zugutekam. Museumsgründer und Kunstmäzen Karl Ernst Osthaus versuchte als Kulturvermittler und Organisator mit dem rückblickend so bezeichneten „Hagener Impuls“ seine Vision, „die Schönheit wieder zur herrschenden Macht im Leben“ werden zu lassen, in der Heimatstadt zu realisieren. Die Künstlerkolonie Hohenhagen (1910), das Wohnhaus Hohenhof (1906) und das Folkwang-Museum (1902), das weltweit erste Museum für moderne Kunst, waren Teil seiner Initiative. Nach seinem Tod wurde die Sammlung 1922 nach Essen verkauft und dort unter dem Namen „Museum Folkwang, Essen“ weitergeführt.

MACHERINNEN HINTER DEN KULISSEN

Und wo waren da die Frauen? Sie agierten im Hintergrund. So war Gertrud Osthaus (1880–1975), Ehefrau von Karl Ernst Osthaus, zu Beginn des 20. Jahrhunderts sicherlich die bedeutendste Kunst-Mäzenin im Ruhrgebiet. Obwohl sie als Hausherrin des Hohenhofs bekannte und aufstrebende Künstler der Zeit empfing, das Folkwang-Netzwerk ausbaute und dazu bisweilen regen Briefkontakt mit unter anderem Ernst Ludwig Kirchner, Oskar Kokoschka, Else Lasker-Schüler, Emil und Ada Nolde, Auguste Renoir, Christian Rohlfs oder Karl Schmidt-Rottluff pflegte – im öffentlichen Kontext taucht ihr Name nicht auf. Dabei investierte sie mit ihrem Mann nicht nur einen Großteil des gemeinsamen Vermögens in den Aufbau des Folkwang-Museums, sie prägte auch die visionäre Sammlung entscheidend mit, machte auf die modernsten Künstler aufmerksam und vermittelte Ankäufe. Sie formulierte auch die Zielsetzung des Museums: „Daß es ein Lebendiges werde, daß es, Kräfte aufnehmend, Kräfte

Auguste Renoir, *Gertrud Osthaus,* 1913, Öl auf Leinwand, 55 x 46,4 cm, Essen, Museum Folkwang verströmend, wie ein Organismus fast, eintrete in die Kreise des wirkenden Lebens“ und „die künstlerisch wertvollen Werke unserer Tage Suchenden zugängig mache und dem Schaffenden noch diene.“ 2013 erwarb das Osthaus-Museum über 500 Briefe aus dem Nachlass der Kunstsammlerin. Sie offenbaren, wie einflussreich Gertrud Osthaus tatsächlich war.

Nach 1945 leitete die Museumsdirektorin Herta Hesse-Frielinghaus (1910–1989) den Neuanfang des Karl-Ernst-Osthaus-Museums in Hagen ein. Sie blieb 30 Jahre im Amt und baute währenddessen die nach dem Verkauf nach Essen und dem Eingriff der Nationalsozialisten in den Fundus nur noch rudimentäre Sammlung im Geiste von Karl Ernst Osthaus und mit dem Sammlungsschwerpunkt deutscher Expressionismus neu auf. Doch die umtriebige „Initiatorin der Osthaus-Renaissance“ setzte ihre Energie nicht nur für die Sammlung ein. Sie war auch Geschäftsführerin des Karl Ernst Osthaus-Bundes e.V./Hagener Kunstverein, gründete 1959 die Henry-van-de-Velde-Gesellschaft und war schon 1946 treibende Kraft bei der Gründung des Westdeutschen Künstlerbundes im Karl-Ernst-Osthaus-Museum in Hagen, der heute, mittlerweile in Bochum ansässig, weit über die Grenzen des Ruhrgebiets, das einen Schwerpunkt seiner Arbeit bildet, und über die nordrhein-westfälischen Landesgrenzen hinaus Ansehen genießt.

Das Engagement für die Kunst- und die Kulturvermittlung im Ruhrgebiet ist die eine Seite, auf der anderen wirkten hier auch bildende Künstlerinnen auf unterschiedlichste Weise und gaben wichtige Impulse für nachfolgende Generationen von Künstlerinnen und Kulturschaffenden in der Region.

Ida
Gerhardi

Selbstbildnis, 1904, Öl auf Leinwand, 43 x 30 cm,
Privatbesitz

IDA GERHARDI

MALERIN UND KULTURVERMITTLERIN

Unerschrocken, patent und fest entschlossen, nach Annette von Droste-Hülshoff die zweitbekannteste Frau Westfalens zu werden – so brach Ida Gerhardi (1862–1927) im Jahr 1890 nach München auf, um an der Damenakademie des Münchner Künstlerinnenvereins Malerei zu studieren. Die in Hagen geborene Künstlerin war nach dem frühen Tod des Vaters 1869 mit ihrer Familie nach Detmold gezogen. Privater Zeichenunterricht weckte in ihr den Wunsch, Künstlerin zu werden, doch erst mit 28 Jahren konnte sie ihrem dringlichen Verlagen nachgehen und ein Kunststudium aufnehmen. Angesichts der für sie wenig inspirierenden Atmosphäre an der Ausbildungsstätte entschied sie sich jedoch schon bald, dorthin zu gehen, wo die Kunst blühte und das Leben pulsierte. Paris sollte es sein und da traf es sich gut, dass die wohlhabende Hagener Unternehmerwitwe Emilie Elbers, eine langjährige Freundin ihrer Mutter, sich bereit erklärte, die Studiengebühren zu übernehmen.

»Westfalen hat eine große Frau, Annette Droste hervorgebracht, nun will ich die zweite sein«.

Ida Gerhardi

Aufgrund des Akademieverbots für Frauen nahm Ida 1891 das Studium an der privaten Académie Colarossi auf und blieb mehr als 20 Jahre in der Stadt an der Seine. Hier fand sie ihre Motive, fuhr allein auf dem Rad durch die Straßen oder zog unter anderem mit ihrer Zimmernachbarin Käthe Kollwitz durch die halbseidenen Spelunken und Bars der Stadt. Ida Gerhardi blieb in ihren Bildern dem Gegenstand verhaftet und begriff sich selbst als Impressionistin. Eindrückliche Porträts, auch von Künstlerkollegen, standen im Vordergrund ihrer Arbeit und brachten ihr immer wieder Aufträge ein. Als erste Frau malte sie Szenen in Tanzlokalen und in düsteren Kaschemmen; ihren Werken blieb aber die erhoffte Anerkennung versagt.

In ihren Selbstporträts machte sie die „verunstaltende" Brille zu ihrem Markenzeichen und dokumentierte ihre Stellung als Künstlerin. Ida Gerhardi setzte alles daran, ihr Werk bekannt zu machen, doch ihr großer Wunsch, von ihrer Kunst leben zu können, erfüllte sich nicht. Geldnot war, aller Porträtaufträge zum Trotz, ihr ständiger Begleiter. Der reaktionäre Kunstmarkt im wilhelminischen Deutschland verweigerte sich ihrer Malerei und erkannte deren Qualität erst an, als Ida bereits gesundheitlich geschwächt war.

KARRIERE ALS KUNSTVERMITTLERIN

Sie nutzte daher ihre weitläufigen Verbindungen zu einflussreichen Persönlichkeiten und namhaften Künstlern, um ihren Lebensunterhalt als Kunstvermittlerin zu sichern. Als große Bewegerin in Sachen moderner Kunst organisierte sie internationale Ausstellungen in Deutschland und Frankreich und stand unter anderem mit Karl Ernst Osthaus in regem Kontakt. Beide profitierten voneinander: Er bekam durch ihre Fürsprache Kontakt zu zeitgenössischen Künstlern und Galeristen, die ihm manches Gemälde für seine Sammlung günstiger überließen, im Gegenzug boten ihr seine Kontakte Gelegenheit auszustellen und Auftraggeber kennenzulernen.

Ida Gerhardi beteiligte sich an den Pariser „Salons des Indépendants" sowie an den Ausstellungen der Berliner und der Münchner Secession. Regelmäßig reiste sie für Porträtaufträge oder im Dienste der Kunstvermittlung nach Berlin, Hagen, Leipzig, London und Weimar. Die Sorge um die depressive Mutter veranlasste sie darüber hinaus zu regelmäßigen Besuchen in Detmold. Das aufreibende Leben der nonkonformistischen Frau forderte schließlich seinen Tribut: 1913 musste Ida Gerhardi aus gesundheitlichen Gründen nach Deutschland zurückkehren, wo sie in Lüdenscheid bis zu ihrem Tod 1927 bei ihrem Bruder lebte. Ida Gerhardi geriet in Vergessenheit, ihre Werke wurden aus dem Kunstkanon gestrichen. In Lüdenscheid hält man ihr Andenken in Ehren, überregional wurde sie erst 2012 im Rahmen der Ausstellung „Ida Gerhardi. Ballrausch und Farbenpracht“ (Lüdenscheid und Oldenburg) wiederentdeckt und angemessen gewürdigt.

Académie Colarossi, Paris, um 1892/93: Ida Gerhardi im Atelier (stehend rechts), Julie Wolfthorn (sitzend; 2. von rechts), Jelka Rosen (stehend; 3. von rechts)

Gerta
Overbeck

Selbstbildnis vor der Staffelei, 1936, Öl auf Leinwand,
70 x 58,3 cm, Privatbesitz

GERTA OVERBECK

GESELLSCHAFT IM BILD

Mit scharfem Blick setzte Gerta Overbeck (1898–1977) in ihrer Malerei die industrielle Arbeitswelt ihrer Heimatstadt Dortmund in Szene. In Arbeiten wie „Jazzkapelle" (1925), „Stahlwerk" (1925), „Sechstagerennen" (1926), „Im Kino" (1927), „Industrielandschaft" (1927) oder „Dortmunder Norden" (um 1932/33) spiegelt sich ihr Interesse an der Lebenswirklichkeit der Menschen, an den kleinen Dingen des Alltags und der Topografie der wachsenden Industriestadt. Sie machten die gesellschaftlichen Entwicklungen der Weimarer Republik sichtbar, gepaart mit ihrem nüchtern-veristischen Stil gilt Gerta Overbeck damit als Vertreterin der Neuen Sachlichkeit.

Gerta Overbeck wurde 1898 in Dortmund geboren. Vater Julius, Sohn des „Löwenbrauerei"-Unternehmers Wilhelm Overbeck, hatte dessen Stearin- und Kerzenfabrik übernommen und engagierte sich als Mitinitiator und Mäzen des Dortmunder Stadttheaters (Eröffnung 1904). Gerta verbrachte einen großen Teil von Kindheit und Jugend auf dem Familienanwesen in Selm-Cappenberg, wo im großbürgerlichen Umfeld ihre künstlerischen Neigungen gefördert wurden. Da „Elementares Zeichnen" seit 1872 Pflichtfach an preußischen Schulen war und Frauen eine berufliche Perspektive bot, ließ sie sich 1915 bis 1918 am Zeichenlehrerseminar der Kunstgewerbeschule Düsseldorf ausbilden und fand am Dortmunder Goethe-Lyzeum ihre erste Anstellung.

Doch Gerta wollte mehr, vor allem mehr Kunst, und so schrieb sie sich 1919 an der Kunstgewerbeschule in Hannover ein. Sie befreundete sich mit Grethe Jürgens und Ernst Thoms, wichtigen Protagonisten der Neuen Sachlichkeit in Hannover, und erhielt von ihrem Lehrer Fritz Burger-Mühlfeld entscheidende Impulse für die Anlage und Komposition ihrer Bilder. Aufgrund der herrschenden Inflation musste sie 1922 das Studium aus finanziellen Gründen abbrechen und kehrte für neun Jahre nach Dortmund zurück. Hier unterrichtete sie an verschiedenen Gymnasien; in ihrer Freizeit entstanden die Industrielandschaften, Milieustudien und Genreszenen, für die sie später bekannt werden sollte. Das Topos der unabhängigen Frau in den 1920er-Jahren greift sie schon vor Otto Dix oder Ernst Thoms in der Gouache „Das Café" (1923) auf, die eine unbegleitete Frau im Kaffeehaus zeigt. In dem Bildnis ihrer Schwester Toni (1926) wird die sich verändernde Rolle der Frau sichtbar: Es zeigt sie als körperbetont-modisch gekleidete Frau, die selbstbewusst-distanziert ihren Platz in einem Kaffeehaus geltend macht.

»Kunst muss auch für den einfachen Menschen verständlich und zugänglich sein.«
Gerta Overbeck

ENTSCHEIDUNG FÜR DIE KUNST

1931 beschloss Gerta Overbeck, ausschließlich als freie Künstlerin zu arbeiten – ein mutiger Schritt in Zeiten der Weltwirtschaftskrise – und ging wieder nach Hannover. Hier wirkte sie an der von ihrer Studienfreundin Grethe Jürgens herausgegebenen Kunstzeitschrift „Der Wachsbogen" mit und nahm an den Ausstellungen der Hannoveraner Künstler der Neuen Sachlichkeit teil. Wie viele andere um 1900 geborene Künstlerinnen und Künstler stand Gerta Overbeck 1933 bei der Machtübernahme durch die Nationalsozialisten am Anfang ihrer Karriere. Die veränderte politische Situation hatte zur Folge, dass ihren sozialkritischen Arbeiten die künstlerische Anerkennung in diesen Jahren versagt wurde. Mit ihrem Selbstbildnis als schwangere Künstlerin bei der Arbeit rückte sie 1936 eine weitere Variante veränderter weiblicher Lebensverhältnisse in den Fokus. 1937 ging Gerta für einige Monate nach Worpswede, zog sich anschließend nach Selm-Cappenberg in ihr Elternhaus zurück und lebte bescheiden von Lehraufträgen. Gerta Overbeck erfuhr noch zu Lebzeiten späte Anerkennung, als in den 1960er-Jahren die Neue Sachlichkeit wiederentdeckt wurde. Am 2. März 1977 starb die Künstlerin in Lünen – ihre Werke befinden sich heute im Sprengel Museum in Hannover, im Museum der Stadt Lünen, im Museum für Kunst und Kulturgeschichte der Stadt Dortmund sowie in privaten Sammlungen.

Gerta Overbeck, *Im Kino*, 1927, Tusche

Tisa von der Schulenburg, Mitte der 1970er-Jahre

TISA VON DER SCHULENBURG

KÜNSTLERIN UND ORDENSFRAU

1903 auf Schloss Tressow in Mecklenburg geboren, spiegelt sich in den bewegten 97 Lebensjahren der Elisabeth Karoline Mary Margarete Veronika (kurz „Tisa“) Gräfin von der Schulenburg (1903–2001) ein ganzes Jahrhundert. In ihrer Kunst thematisierte sie Elend und Ungerechtigkeit. Der Kunstsammler und Kritiker Albert Schulze-Vellinghausen sah in ihren kraftvollen Grafit-, Kohle- und Rohrfederzeichnungen „die Verbildlichung dessen, was Menschen dem Menschen antun können“. Ihre Bronzefiguren in der Tradition von Käthe Kollwitz und Ernst Barlach, vor allem aber ihre Reliefarbeiten in Bronze- und Aluminiumguss machten sie bekannt. Wegen ihrer Solidarität mit den Bergarbeitern nannte man sie in Anlehnung an die Schutzheilige des Bergbaus auch „die Heilige Barbara des Reviers“.

Privater Zeichenunterricht hatte Tisa schon als Schülerin für die Kunst begeistert. Max Liebermann erkannte in Scherenschnitten, die sie für ihren jüngeren Bruder angefertigt hatte, ihr Talent und bestärkte sie in ihrem Wunsch, Künstlerin zu werden. Erst 1926 konnte sie sich gegen die konservative Familientradition durchsetzen und nahm ein Kunststudium in Berlin auf. Dort lernte sie unter anderem Bertold Brecht, Max Pechstein, Oskar Kokoschka und George Grosz kennen – und den jüdischen Unternehmer Fritz Hess, den sie 1928 heiratete. Nach dem Reichstagsbrand 1933 floh sie mit ihm nach London und begegnete 1935 dem englischen Bildhauer Henry Moore, der sie zum Relief ermunterte. Tisa solidarisierte sich mit den streikenden englischen Bergarbeitern und reiste zwischen 1936 und 1939 regelmäßig in das Kohlerevier bei Durham, um deren Armut zu dokumentieren. Im Rahmen ihres Engagements für

Flüchtlinge, Zeichnung von Tisa von der Schulenburg, Sammlung Stegemann

die antifaschistische Künstlergruppe „Artists International Association“ (AIA) hielt sie dort auch Vorträge und Schnitzkurse, um die Kluft zwischen Arbeitern und Künstlern abzubauen. Hier durfte sie als erste Frau und Künstlerin unter Tage einfahren.

Nach ihrer Scheidung von Fritz Hess kehrte Tisa 1939 nach Deutschland zurück, heiratete ihren Jugendfreund Carl Ulrich von Barner, von dem sie sich nach wenigen Jahren ebenfalls scheiden ließ, und lebte während der Kriegsjahre auf dessen Gut Klein Trebbow bei Tressow, wo sie ihren Bruder Fritz-Dietlof, der später als Widerstandskämpfer hingerichtet wurde, in seiner oppositionellen politischen Tätigkeit unterstützte.

DER WEG INS RUHRGEBIET

Nach dem Krieg ordnete Tisa ihr Leben neu. Ein Bericht für die Zeitung „Die Welt" führte sie für sechs Monate ins Ruhrgebiet. Hier wohnte sie auf dem Gelände der Zeche Hannover-Hannibal in Bochum, zeichnete, schrieb, fuhr in mehrere benachbarte Zechen ein und traf, angeregt von einem Buch über den katholischen Widerstand im Dritten Reich, wenig später eine Entscheidung: Die Protestantin konvertierte zum katholischen Glauben und trat 1950, im Alter von 46 Jahren, als Schwester Paula in das Dorstener Kloster St. Ursula ein, wo sie bis zu ihrem Tod im Atelier des Konvents zeichnete oder an ihren Bronzen arbeitete. „Ich kam aus dem Dunkel der eigenen Schuld und der Schuld meines Volkes", erklärte sie diesen Schritt später. Für das Kloster und die im Krieg zerstörten Dorstener Kirchen stellte sie zunächst religiöse Plastiken her und arbeitete als Kunstgeschichts- und Zeichenlehrerin an den von den Dorstener Ursulinen geleiteten Schulen.

Nach der Aufhebung der strengen Klausur durch das Zweite Vatikanische Konzil widmete sie sich 1962 wieder ganz der freien künstlerischen Tätigkeit und stellte unter ihrem bürgerlichen Namen aus. Ihr soziales Engagement führte sie unter anderem 1968 für ein Jahr auf eine Lepra-Station in Äthiopien und 1979 nach Israel, wo sie Überlebende des Holocaust traf. Immer wieder fuhr Schwester Paula unter Tage ein, gestaltete 1984 für die Erweiterung des Bergwerks „General Blumenthal" um die Schachtanlage „Haltern 1/2" mehrere Reliefs, solidarisierte sich mit den Bergleuten im Ruhrgebiet gegen drohende Zechenschließungen und nahm noch 1997 mit 93 Jahren an einer Mahnwache auf der Zeche „Fürst Leopold" teil. 1995 wurde der von ihr und Adolf Radecki gestaltete Kreuzweg auf der Bergehalde Prosper-Haniel geweiht, zu dem sie grafische Arbeiten beitrug. Sie starb am 8. Februar 2001, für ihr soziales Engagement und ihre künstlerische Tätigkeit hoch dekoriert, in Dorsten.

»DIE KIRCHE IST EINE FRAU«

ENGAGIERTE FRAUEN DES GLAUBENS

Sie kamen aus bestem Hause, traten vehement für ihren Glauben ein – und waren pragmatisch und weltzugewandt: Die Frauen der Kirche aus der Frühzeit des heutigen Ruhrgebiets entpuppten sich als überaus starke Führungspersönlichkeiten, die sich – in vielem ihrer Zeit weit voraus – gegen andere Vertreter von Kirche und Staat bestens zu behauptet wussten. Die Essener Stiftsdamen, Äbtissinnen und späteren Fürstäbtissinnen verfügten seit Mitte des 9. Jahrhunderts über Reichtum, Freiheiten und eine ungeheure Machtfülle, wie sie lange Zeit sogar vielen Männern vorenthalten war. Das Stift hatte über 950 Jahre Bestand; seine Stiftsdamen nutzten ihren Einfluss, um die Kultur der Region bleibend zu prägen und politisch weitreichend zu wirken. Im 19. Jahrhundert hat die Pfarrersfrau Ida von Bodelschwingh aus dem Beruf ihres Mannes heraus für sich ein eigenständiges Arbeitsfeld er-

»Es gilt, neue Kriterien und Wege zu finden, damit die Frauen […] an den verschiedenen Bereichen des gesellschaftlichen und kirchlichen Lebens voll beteiligt sind. Die Kirche ist eine Frau.«

Papst Franziskus

schaffen. Gemeinsam bauten sie mit unermüdlichem Eifer die später nach ihm benannten diakonischen Anstalten in Bethel / Bielefeld auf. Heute ist Bethel das größte diakonische Unternehmen Europas und Synonym für moderne Heil- und Pflegeeinrichtungen. Im 20. Jahrhundert erhebt, für viele provokant, eine weitere starke Frau des Glaubens ihre Stimme: die Essener Theologin Uta Ranke-Heinemann.

ESSENER STIFTSDAMEN UND ÄBTISSINNEN

STANDHAFT UND EINFLUSSREICH

Um 850 wurde mit dem Frauenstift in Essen neben den ottonischen Hausstiften Gandersheim und Quedlinburg eine weitere Glaubens- und Bildungsgemeinschaft für weibliche Familienmitglieder des sächsischen Adels ins Leben gerufen. In Damenstifte begaben sich gemeinhin nicht verheiratete weibliche Verwandte; viele von ihnen kamen allerdings auch bereits als Kinder oder Jugendliche hierher, um eine gehobene Bildung zur Ausübung eines Kirchenamtes oder nach der Heirat zur Führung eines standesgemäßen Haushalts zu erwerben. Die weibliche Elite des Landes – viele Damen entstammten dem Kaiserhaus – wurde in hochgeistigen Fächern unterrichtet, ihr standen hervorragend ausgestattete Bibliotheken und eigene Skriptorien zur Verfügung.

Damenstifte waren keine Klöster: Stiftsdamen legten kein Armuts- oder Keuschheitsgelübde ab und waren nicht zu klösterlichem Lebenswandel verpflichtet. Nach einer Pflichtzeit der Anwesenheit wohnten sie mit ihren Bediensteten in eigenen Häusern, konnten sich frei bewegen, jederzeit austreten und heiraten. Neben ihren Pflichten frönten die lebensfrohen Stiftsdamen so manchem Pläsier: Sie ritten und schossen um die Wette, spielten Billard und Karten wie die Männer. Allesamt waren sie sehr belesen, sie gaben sich Tanzvergnügen und Festen hin, bei denen die Damen nicht ins Glas spuckten. Es war üblich, viel zu reisen, oft ging es in luxuriösen Kutschen in beliebte Kurorte.

Mit den Institutionen der Frauenstifte sicherte der Adel über seine unverheirateten weiblichen Mitglieder seine Herrschaft und viele Vorrechte.

Umgekehrt brachten die Damen aus den ersten Herrscherhäusern neben ihren guten Namen so manches Privilegium, sprich: Reichtum, ein. Stifte waren wohlhabend und Äbtissinnen mächtig. Sie wurden demokratisch von ihren Stiftsschwestern aus der Mitte gewählt, bevor sie vom Papst im geistlichen, vom Kaiser im weltlichen Amt bestätigt wurden. Äbtissinnen waren nur dem Kaiser untertan, und weder Kirchenfürsten noch Adelige hatten ein Zugriffsrecht. Die Stifte genossen Immunität und hatten Zoll-, Münz- und Marktrechte. In den Aufgabenbereich einer Äbtissin fiel die Erhaltung des Stifts durch kluge Verwaltung der Wirtschaftsgüter und der gesamten Einrichtung, die Durchführung von Gottesdiensten und Stundengebeten, die Seelsorge, karitative Tätigkeiten sowie die Erziehung und Bildung der Stiftsdamen, wie sie selbst sie genossen hatten. Außerdem nahmen sie auf klerikaler und politischer Ebene, zum Beispiel für das Kaiserhaus, repräsentative Aufgaben wahr und fungierten nicht selten als Stellvertreter der Herrscher. Seit Ende des 13. Jahrhunderts hatten sie, unerhört für Frauen, als Reichsfürstinnen auf dem Reichstag Sitz und Stimme. Sie waren für ein liberales Regiment bekannt, unter dem Juden nicht verfolgt, Hexen nicht verbrannt, Steuern kaum erhoben und Militär wenig eingesetzt wurde. In ihrer führenden Position traten sie souverän in der Öffentlichkeit auf und nahmen erheblichen politischen und gesellschaftlichen Einfluss. So selbstbestimmt und auf hohem Niveau alternativ zu leben war von der Frühzeit bis zum Ende des 18. Jahrhunderts anderen Frauen kaum vergönnt.

Das Essener Damenstift sollte die Geschicke der Region und später der Stadt über viele Jahrhunderte bestimmen; seine Blütezeit erlebte es im 10. und 11. Jahrhundert unter den Ottonen-Kaisern. Das Stift war reich, denn zum Besitz gehörte neben dem Essener Gebiet Land am Ijsselmeer, an Erft und Lahn, in Breisig und Königswinter, dazu zählten Weingüter, zeitweise 140 Rittergüter, 3000 Bauernhöfe und 13.000 Einwohner. Als nahe Verwandte regierender Herrscherhäuser erhielten die Äbtissinnen beim Eintritt ins Stift so hohe Privilegien und so reichen Grundbesitz, dass bisweilen Neider aus der Nachbarschaft begierig die Finger danach ausstreckten, so etwa die Kölner Erzbischöfe. Doch die toughen Essener Kirchenfürstinnen wussten sich nicht nur allzeit dagegen zu wehren, sondern sogar Macht und Wohlstand durch Zolleinnahmen, Bauvorhaben und den Erwerb von Kunstwerken vorausschauend zu mehren. Wie andernorts um Klöster ließen sich um das Stift Handwerker und Kaufleute nieder, es entstand eine kleine Ansiedlung, die im 13. Jahrhundert die Stadtrechte erhalten sollte. Essen lag an wichtigen Fern- und Königsstraßen, die von Pilgern und Händlern frequentiert wurden – der Handel florierte hier, neben dem Austausch von Waren und Werten im Übrigen auch der von Wissen und Werbung fürs Stift. 1563 wurde die Stadt Essen wie viele andere im Zuge der Reformation protestantisch, das Stift und sein Territorium blieben jedoch katholisch. 1803 wurde das Stift als Folge der Säkularisierung aufgelöst.

Linke Seite: Das Wappen des Stifts Essen: Krummstab und Schwert hinter dem Schild stehen für die geistliche und weltliche Macht der Äbtissinnen.
Oben: Kolorierter Kupferstich von Essen, 1581

Die lange Liste der Äbtissinnen an der Wand des schönen Kreuzgangs im Essener Dom liest sich wie ein Verzeichnis namhafter deutscher Adelsfamilien. Manch eine der Damen verdient aufgrund ihrer Leistungen, ausführlich erwähnt zu werden. Da ist Berta von Arnsberg (gest. 1292), die tapfer die beständigen Anfeindungen des Kölner Erzbischofs abwehrte, oder Fürstäbtissin Franziska Christine von Pfalz-Sulzbach (1696–1776), die ihrer fast 50 Jahre währenden Amtszeit vor allem durch die Gründung eines Waisenhauses ein Glanzlicht aufsetzte – die Franziska-Christine-Stiftung und das Waisenhaus im Barockgebäude an der Steeler Straße gibt es noch heute.

Mathilde II. Eine Sonderstellung unter den Äbtissinnen des Essener Damenstifts nimmt die Enkelin Kaiser Ottos I., Mathilde von Schwaben (949–1011), ein; sie hat über die Grenzen Essens hinaus größte Bedeutung errungen. Schon früh wurde Mathilde im für sein hohes Bildungsniveau bekannten Essener Frauenstift auf ihr späteres hohes Amt vorbereitet. Im Alter von 24 Jahren sollte Mathilde dann als Äbtissin die Leitung des Stifts übernehmen und ihm fast 40 Jahre vorstehen – in ihrer Amtszeit erlebte das Frauenstift seine Hochzeit. Mathilde wusste die Verbindung zum Herrscherhaus umsichtig für ihre Belange zu nutzen: Sie ließ den Status des Stifts und damit ihre Machtposition von vier Kaisern bestätigen. Als Bauherrin schuf sie den monumentalen westlichen Teil der Essener Stiftskirche, des heutigen Doms, und zitiert damit gezielt den Aachener Dom. Selbstbewusst stellt Mathilde den Essener Dom damit auf die gleiche Ebene wie den Aachener Kaiser-Dom und beansprucht auf mehr oder minder subtile Weise kaiserlichen Rang und Macht für sich und ihr Stift. So handelt eine Frau von großem Ehrgeiz und Stehvermögen. Im Jahr 980 ließ die Äbtissin die Goldene Madonna für das Essener Frauenstift schaffen: Die älteste Marienplastik der Welt gilt heute als bedeutendstes Kunstwerk des Ruhrgebiets. Nach dem frühen Tod ihres Bruders Otto 983 fiel der Äbtissin das gesamte Familienerbe zu. Mit diesem Erbe hat

Mathilde in Essen weitere einzigartig kostbare Kunstwerke zusammengetragen. Dazu gehört das Otto-Mathilden-Kreuz – Teil der kostbaren Essener Reliquiensammlung –, das in der Stifterplatte Mathilde und ihren Bruder Otto als hoch- und gleichrangige Vertreter des ottonischen Herrscherhauses zeigt. Beide halten den Schaft eines Kreuzes als Zeichen für die Übergabe des Familienerbes an Mathilde. In höfischer Kleidung – sie tragen das gleiche Gewand – steht Mathilde selbstsicher und gleichbedeutend neben ihrem Bruder und bringt dadurch zur Geltung, sich mit anderen, natürlich männlichen, Herrschern auf Augenhöhe zu sehen.

Email-Täfelchen auf dem Otto-Mathilden- Kreuz: Mathilde ist gemeinsam mit ihrem Bruder Otto zu sehen.

Theophanu Gar zwei Stiften stand Theophanu (um 997–1056) vor: Gerresheim und Essen. Nicht sicher ist, ob sie schon in Essen ausgebildet wurde, bevor sie hier 1039 zur Äbtissin gewählt wurde. Theophanu entstammte nicht nur der mächtigen Familie der Ottonen, sie verfügte auch über immense Einnahmen wie etwa die Zolleinnahmen aus Gerresheim. Wie Mathilde wirkte sie ebenfalls als Bauherrin, so am Essener Münster, wo sie Krypta und Ostchor errichten ließ. Auch der Bau der Gertrudiskapelle als Vorgängerin der heutigen Marktkirche wurde auf Geheiß Theophanus erbaut. Wie ihre große Vorgängerin Mathilde ließ sie bedeutende Kunstschätze – wie zum Beispiel das kostbare Theophanu-Evangeliar – anfertigen. König Heinrich III. erteilte Theophanu im Jahr 1041 das Privileg, einen sechstägigen Jahrmarkt abzuhalten – die Erlöse daraus verblieben beim Stift. Viel wichtiger aber: Mit dem Erwerb dieses Marktrechts schaffte Theophanu beständigen Zulauf und schuf somit die Basis für die Gründung und Entwicklung der Stadt Essen im 13. Jahrhundert.

Friedrich und Ida von Bodelschwingh, 1861

IDA VON BODELSCHWINGH

DIE MUTTER VON BETHEL

Viele Menschen hätten ohne diese bescheidene, nimmermüde Frau ein trauriges Schicksal erlitten. Gemeinsam mit ihrem Mann, der zum Gesicht der von Bodelschwinghschen Anstalten Bethel werden sollte, schuf Ida von Bodelschwingh (1835–1894) ein Heim und eine Heimat für Behinderte, Kranke und sozial Schwache – für „Menschen, die niemand haben will" und die von der Gesellschaft als Last empfunden wurden.

Ida von Bodelschwingh wurde als Tochter des preußischen Finanzministers und Reichstagsabgeordneten Carl von Bodelschwingh 1835 auf dem Wasserschloss Haus Heyde bei Unna-Uelzen geboren, 1851 zog die Familie nach Berlin. Wie viele höhere Töchter erhielt Ida Privatunterricht und ihre Liebe galt der Orgel- und Kirchenmusik. Das junge Mädchen mit dem anscheinend fröhlichen, offenen Naturell war allerdings stets körperlich und seelisch angegriffen. Ihr Cousin, der junge Pfarrer Friedrich von Bodelschwingh (1831–1910), mag wohl auf der dringenden Suche nach einer tüchtigen Pfarrersfrau ihre organisatorischen und fürsorgenden Qualitäten erkannt haben und warb um Ida. Kurz darauf fand die Hochzeit statt. Ida folgte ihrem Mann, der eine Pfarrstelle bei der deutschen Gemeinde auf dem Pariser Montmartre erhalten hatte. Die Arbeit nahm bald so beträchtliche Ausmaße an, dass Ida als Assistentin ihres Mannes bis in die Nacht eingespannt war. Wegen des andauernden schlechten Gesundheitszustands seiner Frau und einer depressiven Phase nach der Geburt des ersten Sohnes sah sich Pfarrer von Bodelschwingh 1864 veranlasst, mit seiner kleinen Familie wieder in die Nähe von Unna zu ziehen und in Dellwig eine Stelle als Pfarrer anzutreten.

Ida übernahm im Pfarrbezirk ihres Mannes ohne Lohn viele Aufgaben: Sie heiterte Kranke und Alte bei Hausbesuchen auf, empfing die Frauen der Gemeinde zu Kaffee und Gesprächen und sorgte durch Spendensammlungen und den Verkauf von Handarbeiten für Arme. Das Jahr 1869 brachte den Einschnitt in Idas Leben: Innerhalb von knapp zwei Wochen starben ihre vier Kinder nacheinander an Keuchhusten – Ida sollte sich, obgleich danach wieder mehrfach Mutter, nie mehr von diesem Schicksalsschlag erholen. Gleichwohl stand in der Familie die Gemeindearbeit rund um die Uhr im Vordergrund, war ein turbulenter Alltag unter bescheidensten Lebensverhältnissen von Ida als Dreh- und Angelpunkt der Familie zu meistern. Der Pfarrer überantwortete ihr zudem viele Arbeitsbereiche: Ein Gutteil der Korrespondenz erledigte Ida eigenverantwortlich, trieb Spenden auf, organisierte Predigtdienste und vertrat ihren Mann während seiner Dienstreisen.

1872 übernahm Friedrich von Bodelschwingh in Bethel bei Bielefeld die Leitung der kleinen Heil- und Pflegeanstalt für Epileptiker der Inneren Mission und eines Diakonissenmutterhauses, die Familie zog in das

Pflegestation, um 1930

Pfarrhaus am Jägerbrink. Unter Friedrichs und Idas unermüdlichem Einsatz wuchs die diakonische Einrichtung und wurde zum Wegbereiter der heutigen von Bodelschwinghschen Stiftungen Bethel. Wieder war Ida nicht nur die Sekretärin ihres Mannes, sondern begleitete ihn auf den Gängen durch die Anstalt als erste Ansprechpartnerin der Kranken und Schwestern und wurde, wenn nötig, zum kritischen und kompetenten Gegenpart ihres Mannes. Ein gewaltiges Arbeitspensum hatte das Ehepaar zu bewältigen und der Aufbau einer so großen Zahl wegweisender Einrichtungen für Kranke und Heimatlose mit völlig neuem Konzept scheint noch heute unfassbar. Handwerksbetriebe und Arbeiterkolonien für arbeitsfähige Kranke wurden gegründet (in Bethel entstand 1882 mit Wilhelmsdorf die erste Arbeiterkolonie Deutschlands), Häuser für Menschen mit psychischen Leiden, für Alkohol- und Suchtkranke, für Obdachlose, „gefährdete" junge Frauen und „schwer erziehbare" Jugendliche, eine Theologische Schule entstand, ein Altersheim für arme und für alkoholkranke Menschen – die Liste könnte beliebig fortgeführt werden. Hier wurden Menschen nicht einfach weggesperrt, sondern ihnen wurde neben einem Heim eine sinnvolle Beschäftigung gegeben, die im Idealfall ihren Lebensunterhalt sicherte.

»Aus scheinbar schwersten Lasten schafft Gott neue Möglichkeiten«

Friedrich von Bodelschwingh

Zwar hat Ida von Bodelschwingh selbst ihre Arbeit bis zu ihrem Tod im Jahr 1894 stets als ihren „Beruf" bezeichnet und ihr Mann sie seine „wichtigste Gehilfin" genannt, doch ihre Leistung kann gar nicht hoch genug gewürdigt werden. Im Todesjahr Friedrich von Bodelschwinghs 1910 fanden 2293 Menschen mit Epilepsie, 351 sogenannte Geisteskranke, 197 Nervenkranke, 196 Lungenkranke, 1533 „körperlich Kranke", 714 Waisenkinder, 1617 Arbeitslose, 200 Alkoholiker, 114 „sonstige Anstaltspflegebedürftige u. Direktionslose" und 474 Erziehungszöglinge Hilfe und Unterstützung in den Betheler Einrichtungen.

Uta
Ranke-
Heinemann

UTA RANKE-HEINEMANN

WORTGEWANDTE REBELLIN IN GLAUBENSFRAGEN

„Doch. Er erzählt keine schmutzigen Witze und raucht nicht", antwortete Uta Ranke-Heinemann (*1927) einmal auf die Frage, ob sie denn gar nichts Positives über den Papst zu sagen hätte. Außerdem höre sie immer noch jeden Abend den Papst auf Radio Vatikan, quasi als theologisches Sandmännchen. Dabei lese sie gern das spanische Boulevard-Blatt „Holà!", mit aktuellem Klatsch und bunten Bildern.

Deutschlands kenntnisreichste und streitbarste Theologin, Tochter des ehemaligen Bundespräsidenten Gustav Heinemann, war immer unter den Ersten. Sie war das erste Mädchen überhaupt am Essener Burggymnasium, machte das Abitur mit Auszeichnung und studierte ab 1947 evangelische Theologie, konvertierte und schloss 1954 ein Studium der katholischen Theologie mit einer *magna-cum-laude*-Promotion ab. Zunächst wurde sie Dozentin am Erzbischöflichen Katechetinnenseminar Bonn, dann an der Pädagogischen Hochschule Neuss und erhielt nach der Habilitation als erste Frau überhaupt 1970 eine Professur in katholischer Theologie – und sollte sie als erste Frau wieder verlieren. Uta Ranke-Heinemann hat mutig und offen wie kaum jemand sonst nie einen Hehl aus ihrer Kritik an der Institution Kirche gemacht und diese in Presse, Funk und Fernsehen überaus eloquent und plastisch geäußert, ohne einem Konflikt aus dem Weg zu gehen. Dabei hat sie ihren Zuhörer bisweilen mit ihrem Durchhaltevermögen und, seien wir ehrlich, ihrem durchdringenden Organ so einiges abverlangt. Öffentlich geäu-

> *»Ich bin der unkündbare Protest in der katholischen Kirche.«*
> Uta Ranke-Heinemann

ßerter Zweifel am Dogma der Jungfrauengeburt kostete sie 1987 zwar ihre Lehrbefugnis, danach erhielt sie jedoch einen nicht kirchengebundenen Lehrstuhl für Religionsgeschichte an der Universität Essen.

Was nun aber stört die erfahrene Fachfrau für Kirchenfragen, deren profunde Kenntnis offenkundig in Lehre und Forschung, in Veröffentlichungen und unzähligen Vorträgen so hoch geschätzt wird, an der Kirche? Da war im Lauf der Jahre so einiges zusammengekommen: die Frauen- und Sexualfeindlichkeit, die Geheimhaltung von Kindesmissbrauch, Verstandesfeindlichkeit und Intoleranz, zum Beispiel gegenüber Paaren ohne Trauschein, Konfliktscheue im Umgang mit Andersdenkenden oder kostenaufwendige Spektakel bei Papstbesuchen. Kurz und knackig zusammengefasst hat die Autorin das in ihrem „siebenfach negativen Glaubensbekenntnis". Ihre Bücher, etwa „Eunuchen für das Himmelreich – katholische Kirche und Sexualität" (1988) oder „Nein und Amen. Anleitung zum Glaubenszweifel" (1992) wurden internationale Bestseller.

GLAUBE OHNE MÄRCHEN

Vor allem sei die Kirche, in deren Namen schon so mancher Krieg geschehen sei, die Darstellung Gottes und der von ihm geschaffenen Ordnung bisweilen blutrünstig und meistens märchenhaft. Der Gedanke an die Kreuzigungsszene, an biblische Opfer oder etwa an die Eucharistiefeier, bei der das „Blut" Jesu Christi getrunken würde, verursache ganz einfach kaltes Grausen. Ranke-Heinemann hält es da eher mit den großen Aufklärern Descartes und Kant: Sie bestreitet gar nicht, dass Gott und seine Weisheit verehrungswürdig seien, der menschliche Verstand jedoch sei für jede Vorstellung davon zu klein – jeder möge ihn einfach bewundern, soweit eben verstandesmäßig erfassbar. Gott habe den gesamten Kosmos in seiner Schönheit und Ordnung klar geprägt und zur Darstellung bedürfe es nicht des „christlichen Märchengebäudes" der Kirche mit all seinen wundersamen und sensationslüsternen Geschichten. „Wissen statt glauben" ist die Devise Uta Ranke-Heinemanns – für sich jedenfalls habe sie den Glauben abgeschafft, man wisse etwas oder eben nicht. Märchen brauche sie nicht, Jesus sei schlichtweg ein Mensch gewesen und Gott eben einer für die Lebenden. Wahrhaft christlich sei es, gemäß der Bergpredigt Feinden Gutes zu tun und für das Wohlergehen aller zu sorgen.

Von der PDS wurde Uta Ranke-Heinemann 1999 als parteilose Kandidatin für die Wahl zur Bundespräsidentin nominiert – dies habe sie als Chance gesehen, um gegen deutsche Beteiligung am Kosovo-Krieg zu protestieren. In ihrem Bemühen, die Kirche zu entmythisieren und ihren ursprünglichen Sinn wieder freizulegen, habe sie, so die Dame aus dem Essener Moltkeviertel im immer wieder gern getragenen grünen Lederkostüm, leider gar nichts erreicht. Doch gerne zahle sie, sozusagen als „Störfaktor", weiter Kirchensteuer, um die Kirche nicht völlig dem vatikanischen Machtapparat zu überlassen.

VOM SCHREIBEN UND VERLEGEN

FRAUEN, DIE GESCHICHTEN MACHEN

Frauen, die schreiben, haben unterschiedliche Beweggründe: Beobachtungsgabe einzusetzen und Kreativität auszuleben, Ideen und Impulse aufzugreifen, an andere weiterzugeben. Wer an seine Berufung glaubt und am Schreiben festhält, kann Emotionen wecken und etwas in Bewegung setzen.

Das Ruhrgebiet war und ist unglaublich reich an kreativen, schreibenden Frauen: die Buchverlegerin, Kulturvermittlerin und Friedensaktivistin Hulda Pankok, die Zeitungsverlegerin und Kulturförderin Anneliese Brost, die Journalistin und Autorin Hatice Akyün – aber auch die Kinder- und Jugendbuchautorin Cornelia Funke, Lyrikerinnen Lilo Rauner und Barbara Köhler, die Krimiautorinnen Edda und Lotte Mick, die Journalistin und Schriftstellerin Gabriella Wollenhaupt, die Verlegerin Inge Feltrinelli, die Schriftstellerin Brigitte Kronauer oder die Historikerin Brigitte Hamann und viele mehr haben ihr Wurzeln im Ruhrgebiet.

Unsere Welt schreibend zu erschließen und damit ein bisschen besser zu machen, um sich darin orientieren und seinen Standpunkt finden zu können oder vorzuleben, wie man versöhnlich zwischen zwei Welten wandern kann, darin hatten und haben sie ihre Lebensaufgabe gefunden. Mit ihren Eigenschaften und Lebenswegen mögen einige von ihnen stellvertretend für alle Frauen des Wortes im Ruhrgebiet stehen.

Hulda
Pankok

HULDA PANKOK

DREI EULEN GEGEN DAS VERGESSEN

Schon früh hatte die als Hulda Droste (1895–1985) in Bochum geborene Tochter eines Lehrers und einer Theaterkritikerin die Bedeutung von Bildung und Kultur für sich erkannt. Da war es naheliegend, beruflich einen Weg einzuschlagen, der es ihr ermöglichte, diese Bedeutung auch anderen zu vermitteln: Nach dem Abitur studierte sie in Jena Literatur und Kunstgeschichte und richtete nach Studienabschluss als Bibliothekarin in Bochum die erste Kinderbibliothek ein. 1919 ging sie nach Düsseldorf, um bei ihrem Bruder, dem Verleger Heinrich Droste, als Feuilletonredakteurin beim „Düsseldorfer Stadtanzeiger", nach dem Krieg bei „Der Mittag", zu arbeiten, ab 1923 auch für den Westdeutschen Rundfunk.

»[Es ist] die Pflicht einer jeden Frau, auch jener, die bis heute am öffentlichen Leben uninteressiert war, laut und deutlich zum Ausdruck zu bringen, daß sie den nationalen Machtstaat verneint und als Weltbürgerin mithelfen will, den Frieden zu sichern.«

Hulda Pankok

WIDERSTAND AUS ÜBERZEUGUNG

Ein Interview führte sie mit dem expressionistischen Künstler Otto Pankok zusammen, den sie 1921 heiratete. 1925 kam Tochter Eva zur Welt, die später ebenfalls malen sollte. Den Nationalsozialisten war die Tätigkeit der linksintellektuellen Eheleute Pankok ein Dorn im Auge. Während Ottos Werke den Schrecken und die Verfolgung der Sinti und Roma widerspiegelten, schrieb Hulda schon während der Weimarer Republik gegen die Vorboten des Nationalsozialismus – politische Intoleranz, rassistische Ausgrenzung und Kriegstreiberei – an. 1936/1937 erhielten Otto und Hulda Pankok Berufsverbot. Nachdem sie bei dem Versuch in die Schweiz zu emigrieren einem Betrüger aufgesessen waren,

zogen sie sich ins Ländliche zurück, um der Verfolgung zu entgehen: Nach Aufenthalten im Münster- und im Emsland lebten sie seit 1942 bei Pesch in der Eifel und gewährten dort einem verfolgten Künstlerpaar Unterschlupf. Mehrmals konnte die couragierte Hulda verhindern, dass ihr Mann inhaftiert beziehungsweise eingezogen wurde.

ENGAGEMENT IN DER FRIEDENSBEWEGUNG

Nach dem Ende des Krieges kehrte die Familie nach Düsseldorf zurück, wo Hulda Pankok den Drei-Eulen-Verlag gründete – das Verlagssignet symbolisiert die drei Pankoks und entstand nach einem Holzschnitt Otto Pankoks –, in dem sie sich mit Kunst- und Weltliteratur für Bildung, Schönheit und Wissen einsetzte. Die militärische Aufrüstung der Bundesrepublik veranlasste sie, die Frauenpartei zu gründen, um Frauen eine Stimme in der Aufrüstungsdebatte zu verleihen, und sie kämpfte mit ihrem Mann in der Friedensbewegung gegen Atomwaffen. Als Dank für ihre Haltung während des Dritten Reichs wurde Hulda 1950 von der Ministerin für Soziales Vida Tomsic nach Jugoslawien eingeladen. Zwei Jahre nach dem Tod ihres Mannes eröffnete sie 1968 mit ihrer Tochter Eva in dessen ehemaligem Atelierhaus in Drevenack das Otto-Pankok-Museum. Hier starb sie 1985. Posthum wurden Hulda Pankok und ihr Mann Otto von der israelischen Holocaust-Gedenkstätte Yad Vashem als „Gerechte unter den Völkern“ geehrt.

Eva, Otto und Hulda Pankok

Anneliese
Brost

ANNELIESE BROST

DIE MEDIENREGENTIN VON DER RUHR

Hätte man der jungen Anneliese Brinkmann (1920–2010) aus Bochum gestattet, wie geplant Betriebswirtschaft zu studieren – die Zeitungs-, Bildungs- und Kulturlandschaft im Ruhrgebiet wäre heute wahrscheinlich ein ganzes Stück ärmer. Ihr gutes Gespür und Durchsetzungsvermögen zur rechten Zeit haben allerhand ermöglicht … doch von Anfang an. 1920 geboren, lernte Anneliese als Kind einer sozialdemokratischen Familie und Tochter einer emanzipierten Mutter in schwierigen Zeiten, sich gegen Widerstände aufzulehnen und gegen Unrecht zu kämpfen. Das brachte sie um ihre Bücher, die die Nationalsozialisten verbrannten, um häusliche Geborgenheit, denn immer wieder musste sich die Familie vor Verfolgung verstecken und Obdach suchen, und schließlich wurde ihr auch noch der Studienplatz der Betriebswirtschaft durch die NSDAP verwehrt. Der Vater, ein Bochumer Pferdehändler, war bereits früh verstorben. Allein dem Großvater war es zu verdanken, dass die junge Frau 1946 eine Stelle als Sekretärin bei der „Westfälischen Rundschau" in Dortmund antrat: Kaffee kochen und Bleistifte anspitzen hieß es da zunächst.

Hier traf die junge Anneliese Brinkmann erstmalig auf Erich Brost (1903–1995), den ersten Chefredakteur der „Neuen Rhein/Ruhr Zeitung" in Essen. Nur ein Jahr später war es ganz ausdrücklich Anneliese zu verdanken, dass sich Erich Brost gegen eine politische Karriere und für die berühmte „Lizenz 192" der britischen Militärverwaltung entschied. Diese gestattete ihm, eine politisch unabhängige Zeitung zu drucken – ein dünnes Blättchen. 1948 schließlich gründete Brost gemeinsam mit Jakob Funke die „Westdeutsche Allgemeine Zeitung", kurz WAZ genannt, später die erfolgreichste Zeitung des Ruhrgebiets. Seine erste und zunächst einzige Angestellte: Anneliese Brinkmann, engste Vertraute und rechte Hand, sie schmiss den „Laden".

Zeitung machen in der Nachkriegszeit, das bedeutete: einen Bankkredit ergattern und „gelernte" Redakteure finden – die aber waren aufgrund von Krieg und Diktatur echte Mangelware und folglich tat manch einer einfach, was getan werden musste. Drei Redakteure teilten sich eine Schreibmaschine, Bleistifte brachte jeder selbst mit und die Glühbirnen wurden abends aus Sorge herausgedreht, sie könnten geklaut werden. In den Büros, die den Namen nicht verdienten, war es furchtbar eng und erst 1953 sollte das neue Verlagsgebäude in der Essener Friedrichstraße bezogen werden. Wohl aber gab es einen Dienst-VW – für die ganze Redaktion; bei Einstellungen wurde einfach darauf geachtet, dass der Bewerber einen Wagen besaß. Aller Schwierigkeiten zum Trotz, von Anfang bis Ende blieb Anneliese Brinkmann bei ihrem Credo – wie sie in einem Interview anlässlich ihres 90. Geburtstages formulierte: „Ich würde journalistische Prinzipien gegenüber wirtschaftlichen niemals zurückstellen."

»Das war eine tolle Zeit, der Tag konnte gar nicht lang genug sein.«

Anneliese Brost über den Aufbau der „WAZ" im Nachkriegsdeutschland

VON DER ZEITUNG ZUM KONZERN

Dreimal wöchentlich erschienen in der Anfangszeit vier Seiten Zeitung zum Preis von 20 Pfennig, die die Menschen den Verkäufern aus der Hand rissen. Man hungerte nach informativer Zeitungslektüre und die Lizenz zum Zeitungsdrucken sollte sich bald als Lizenz zum Gelddrucken erweisen. Immer an der Seite des Verlegers, engagiert, weitsichtig und mit Druckerschwärze in den Adern: Anneliese Brinkmann, die so dringend für die Entscheidung zur WAZ eingetreten war, weiterhin so manchen wichtigen Impuls gegeben haben dürfte und das richtige Gespür fürs Zeitungmachen hatte. Es sollte noch Jahrzehnte dauern, bis aus dem beruflich so gut eingespielten Doppel Anneliese Brinkmann und Erich Brost auch privat eines wurde: Gut 30 Jahre nach ihrem Kennenlernen heirateten die beiden 1975 kurz bevor aus der WAZ die WAZ Mediengruppe wurde.

Zurückgezogen und bescheiden lebte das Paar im Essener Süden. Nach dem Tod von Erich Brost 1995 übernahm seine Frau dessen Verleger- und Gesellschafter-Position in der WAZ-Gruppe und intensivierte bestehendes soziales und kulturelles Engagement: Kinderheime, Jugend- und Altenhilfe, publizistische Hochschulbildung, Theater, Tanz, Musik und Kunst im Revier verdanken der Förderung und generösen Schenkungen durch die Brosts Fortbestehen und Weiterentwicklung. Immer haben sie sich für die Belange von Journalisten eingesetzt, in Wort und Schrift einen mutigen, ehrlichen, kritischen und engagierten Journalismus gefordert. Zur Förderung dieses Anliegens, als Forum zu internationalem Austausch, zur Forschung und Ausbildung junger Journalisten wurde 1991 dank ihrer Spende das Wissenschaftszentrum „Erich-Brost-Institut für Journalismus in Europa" an der TU Dortmund gegründet.

Bis ins hohe Alter hat Anneliese Brost kompetent, kenntnisreich und speditiv mit offenem Wort Anteil an der Redaktionsarbeit genommen. Trotz aller aufkommenden neuen Medien sah sie für das „alte" Medium Zeitung eine Zukunft, mehr als allen anderen schrieb sie der Zeitung die Aufgabe zu, Orientierung in einer immer unübersichtlicher werdenden Welt zu schaffen und den Lesern durch Kommentare und Hintergrundberichte die notwendige Hilfestellung zur unabhängigen Meinungsbildung zu liefern. 2010 verstarb Anneliese Brost im Alter von 90 Jahren in Essen als eine vielfach geehrte Frau, die deutsche Medienlandschaft entscheidend geprägt und Zeitungsgeschichte geschrieben hat. Aus anfangs vier Seiten Blatt waren am Ende 30 Tageszeitungen, Wochen-, Fach- und Anzeigenblätter mit 17.000 Beschäftigten geworden.

Hatice
Akyün

HATICE AKYÜN

DIE WORTREICHE AUS MARXLOH

Hatice Akyün (*1969) zog im Alter von drei Jahren aus dem anatolischen Dorf Akpinar mit ihren Eltern und vier Geschwistern nach Duisburg-Marxloh, wo der Vater Arbeit als Bergmann gefunden hatte. Die kleine Hatice, Tochter von Analphabeten, liebte den Bücherbus und wurde mit *Grimms Märchen* und *Hanni & Nanni* größer: Sie erwarb die mittlere Reife und schloss am Duisburger Amtsgericht eine Ausbildung zur Justizangestellten ab – so gehörte sich das für ein Duisburger Mädchen, für das die Hafenstadt an der Ruhr Heimat war und bleibt.

Doch die junge Frau wusste, die Stadt im Kohlenpott war nicht die Welt, und so probierte sie, was ging – und da ging noch was: Nach dem Abitur zog es sie für ein Jahr als Au pair nach New York. Nach einem Volontariat bei der „Deutschen Allgemeinen Zeitung" in Duisburg und einem zeitgleich absolvierten BWL-Studium in Düsseldorf wurde Hatice Akyün schließlich Gesellschaftsreporterin beim Magazin „Max", danach arbeite sie als freie Journalistin für „Spiegel", „Emma", „taz", „Tagesspiegel" und andere, Auftritte im Fernsehen und Radio kamen dazu. In ihrer wöchentlichen Kolumne „Meine Heimat" im „Tagesspiegel" von 2011 bis 2014 schilderte sie ihre Alltagseindrücke als moderne, alleinerziehende deutsch-türkische Muslima.

»Mein Herz ist deutsch und meine Seele türkisch.«
Hatice Akyün

Ihr autobiografischer Debüt-Roman „Einmal Hans mit scharfer Soße" (2005) wurde sofort zum Bestseller und im Jahr 2013 verfilmt, es folgten weitere Romane wie „Ali zum Dessert" (2008) oder „Ich küss dich, Kismet" (2013).

GEGEN GÄNGIGE KLISCHEES

Von Hatice Akyüns Zeit als Wanderin zwischen den Welten zeugen auch ihre Versuche, nach New York oder in die Türkei auszuwandern – von ihr selbst mit Biss kommentiert. Letzteres habe nicht klappen können, weil sie einfach zu deutsch sei – sie könne türkisch fühlen und das auf Deutsch aufschreiben – umgekehrt funktioniere das einfach nicht. Auf ihrer Suche nach einer eigenen Identität kämpft sie mit viel Humor und unermüdlich gegen Klischees, wie sie die Deutschen von den Türken und umgekehrt pflegen. Ihre Versuche, die oft widersinnigen Ansichten und Verhältnisse – typisch deutsch, typisch türkisch – in ihrer deutschen Heimat aufzuzeigen, sind oft von temperamentvollen Aufwallungen begleitet. Provokant fragt Hatice Akyün: „Warum muss ich einen Migrationshintergrund haben?“ und postuliert eine ganz eigene Identität, eben mit beiden kulturellen Hintergründen, schließlich erkennt sie: „Ich habe mich immer bei mir.“

Was spräche denn dagegen, das Beste aus beiden Kulturen herauszupicken? Hatice Akyün betont immer wieder, wie wichtig Sprache für die Integration ist und setzt sich unentwegt für ein demokratisches Miteinander ein. 2009 wurde die Journalistin mit dem Toleranz- und Integrationspreis ihrer Heimatstadt Duisburg, 2011 mit dem Berliner Integrationspreis ausgezeichnet. Heute lebt Hatice Akyün in Berlin. Doch Duisburg, die Stadt, in der sie ihre ersten journalistischen Texte schrieb, die Neigung zur Politik entdeckte und der sie – so Hatice Akyün – viel zu verdanken habe, bleibt ihre Heimat.

ES LEUCHTEN DIE STERNE AUF BÜHNE UND LEINWAND

SCHAUSPIELERINNEN UND KABARETTISTINNEN

Auch wenn internationale Filmgeschichte nicht im Ruhrgebiet geschrieben wurde – auf Glamour, große Stars und Furore musste man auch hier nicht verzichten. In der Essener Lichtburg – wichtigstes Premierenkino der 1950er- und 1960er-Jahre der Republik – gaben sich nationale und internationale Filmgrößen zu den glanzvollen Premieren ein Stelldichein auf dem roten Teppich. Im benachbarten Oberhausen gab derweil Hilmar Hoffmann dem künstlerischen Film ein Forum. 1954 gründete er die „Westdeutschen Kulturfilmtage“, die noch heute als „Internationale Kurzfilmtage Oberhausen“ eine der größten internationalen Plattformen für den Kurzfilm sind. Im „Oberhausener Manifest“ wurde hier 1962 Papas Kino für „tot“ erklärt und der Anspruch formuliert, den neuen deutschen Film zu schaffen.

Viele Frauen aus dem Ruhrgebiet waren Teil des alten wie des neuen Film- und Fernsehgeschäfts; wie andere waren auch sie Idole und ihre Namen tauchten auf Leinwänden, Besetzungslisten, auf Festspielplänen und in Zeitschriften auf, dies jedoch, ohne dass das Gros der Zuschauer

und Leser sie mit ihrer Herkunftsregion in Verbindung gebracht hätte. Darstellerinnen wie Fita Benkhoff (1901–1967), Ruth Leuwerik (1924–2016), die Ruhrpott-Ikone Tana Schanzara (1925–2008), Elisabeth Volkmann (1936–2006), Marie-Luise Marjan (*1940) oder die mehrfach preisgekrönte Schauspielerin Ulrike Kriener (*1954 in Bottrop) haben sich klar und kompromisslos für den Schauspielberuf entschieden und Rollen unterschiedlichster Couleur mit Bravour ausgefüllt. Von wenigen ist bekannt, dass ihre Wurzeln in der Region Ruhr und Emscher liegen. Sie haben das gelebt, was sie auf der Bühne oder im Studio so häufig verkörperten: Sie waren und sind durchsetzungsfähige, selbstbewusste Frauen, die dem Rollenverständnis ihrer Zeit oft weit voraus waren.

Auch die Kleinkunst hat im Ruhrgebiet ein Zuhause, das lässt sich bis in die Zeit der Berliner Kabarettkönigin aus Gelsenkirchen, Claire Waldoff (1884–1957), zurückverfolgen. Zum unumgänglichen Utensil der Kabarett- und Fernsehgeschichte avancierte in den 1970er-Jahren die Kittelschürze – immer dann, wenn in Komödie und Satire das Milieu des Kleinbürgers in Gestalt einer Frau überzeichnet werden sollte. Als Prototyp des einfältigen Hausmütterchens erschien 1973 Else Dorothea Tetzlaff in Schürze, wahlweise auch in Kostüm oder Bademantel, auf dem Fernsehbildschirm. In entlarvenden Dialogen führte die Serie „Ein Herz und eine Seele" am Beispiel der vierköpfigen Wattenscheider Familie Tetzlaff bundesdeutsche Spießigkeit vor Augen – im Mittelpunkt „Ekel" Alfred (gespielt von Heinz Schubert, 1925–1999) und Else (gespielt von Elisabeth Wiedemann, 1926–2015), von ihrem Gatten regelmäßig als „dusselige Kuh" beschimpft. Die Serie wurde zum Straßenfeger und wird bis heute im Fernsehen wiederholt.

Das kabarettistische und satirische Genre hatte auch weiterhin auf den Bühnen des Ruhrgebiets seinen Platz. Anfang der 1980er-Jahre stand eine neue Kleinkünstlergeneration in den Startlöchern. In vielen Städten waren autonome Kulturzentren in die ausgedienten, leerstehenden Verwaltungsgebäude der großen Zechen und Industrieanlagen gezogen. Mit dieser Umnutzung zu Kulturstätten entwickelten die Menschen im Ruhrgebiet auch ein neues Verständnis für die Urbanität der Region und für ihre charakteristischen Eigenheiten. Im Aufleben der Regionalsprache, die man lange Zeit verschämt vermieden hatte, weil ihr das Image der kleinbürgerlichen Arbeiterschicht anhaftete, kam dieses neue Selbstbewusstsein deutlich zum Ausdruck. Für Satire und Komik ist sie ein hilfreiches Vehikel, um die Brücke zwischen den Generationen zu schlagen. Auch die Kabarettistin Gerburg Jahnke (*1955) bedient sich in ihren (Missfits-)Programmen ebendieser Sprache sowie verschiedener Kleinkunstsparten, um als scharfe Beobachterin die Ungeheuerlichkeiten des Daseins lustvoll komödiantisch vorzuführen.

Ruth
Leuwerik

Ein Herz spielt falsch: Ruth Leuwerik und O. W. Fischer, 1953

RUTH LEUWERIK

DIE LEINWANDIKONE DER 1950ER- UND 1960ER-JAHRE

Sie war ein echter Star in den 1950er- und 1960er-Jahren, erfolgreich wie kaum eine andere. Mit Dieter Borsche bildete sie eines der deutschen Traumpaare auf der Kinoleinwand – neben Sonja Ziemann und Rudolf Prack, Maria Schell und O. W. Fischer oder Romy Schneider und Karlheinz Böhm. Ihre schlanke Erscheinung, die strenge, gerade Haltung und die distinguierte, nie zu laute Sprechweise – wer den Namen Ruth Leuwerik hörte, stellte sie sich immer zuerst als Königin oder jedenfalls als eine *grande dame* vor, oft in historischem Gewand. Ihr haftete etwas Unterkühlt-Hanseatisches, immer etwas Elegantes an. Wer genau hinsah, dem verrieten der Schalk oder die Entschlossenheit in ihrem Blick, dass unter der beherrschten Oberfläche durchaus noch etwas anderes schlummerte. Sie war jedenfalls sofort präsent und hatte einfach Glamour.

Ruth Leuwerik (1924–2016), Kaufmannstochter aus Essen, nahm nach dem Besuch des Gymnasiums in Essen und Münster und der höheren Handelsschule sowie einer Tätigkeit als Stenotypistin Schauspielunterricht. Nach dem Zweiten Weltkrieg spielte sie an den Theatern von Paderborn, Münster, Bremen, Düsseldorf, Hamburg und Berlin und gelangte zu Beginn der 1950er-Jahre zum Film. Gleich einer ihrer ersten Filme, die Komödie „Vater braucht eine Frau“ wurde ein echter Kassenschlager. Ob Komödie, Tragödie oder Literaturverfilmung – die starken Rollen, die sie spielte, blieben in Erinnerung. Und diese Rollen suchte sie sich mit Bedacht aus, diskutierte mit den Regisseuren darüber und arbeitete oft an Drehbüchern mit. Es folgten, oft an der Seite von Dieter Borsche als kongenialem Partner und anderen Heroen des deutschen Films, Kinoerfolge wie „Königliche Hoheit“ (1953), „Ludwig II.“ (1955) oder „Königin Luise“ (1957), außerdem die zweiteilige Verfilmung der Trapp-Saga: Ruth Leuwerik in der Rolle der patenten Novizin Maria und späteren Frau des Barons von Trapp.

Nach Bühne und Kino kam das Fernsehen, Ruth Leuwerik spielte in Serien wie „Der Komissar“ oder „Derrick“ mit. Als erste deutsche Schauspielerin nahm sie 1960 in London an der Royal Variety Performance teil, einer vom britischen Fernsehen jährlich ausgestrahlten Show für einen guten Zweck unter der Schirmherrschaft der Queen. Wenngleich sie auf Fotos von Events häufig an der Seite internationaler Stars zu sehen war, nahm Ruth Leuwerik ein Angebot aus Hollywood nicht an. Nach längerer filmischer Pause bis Ende der 1970er-Jahre verkörperte, nein, *war* Ruth Leuwerik die Konsulin in der Fernsehverfilmung der „Buddenbrooks“ von Thomas Mann.

Die Schauspielerin, vielfach ausgezeichnet mit Film- und Fernsehpreisen sowie dem Großen Verdienstkreuz der Bundesrepublik Deutschland und einer Ausstellung zu ihren Ehren im Filmmuseum Berlin 2004, war eher der Star der Frauen als der der Männer. Sie kam weder als Sexsymbol noch als anschmiegsames Weibchen daher – hier war eine zu ihrer Zeit moderne berufstätige Frau mit realistischen Problemen und Gefühlen und eigenem Kopf. Und sie bewies, „ganz normal“ gutaussehend, in jeder Lebenslage damenhafte Haltung und bisweilen trockenen Humor. Gegen überkommenes Rollenverständnis nahm sie selbstbewusst die Dinge in die Hand, ohne laut zu sein, und wendete sie überlegt zum Besseren, wo nötig – eben „die ideale Frau“, so auch einer ihrer Filmtitel aus dem Jahr 1959. Mit ihr konnten sich die weiblichen Filmfans identifizieren. Seit den 1980er-Jahren drehte Leuwerik nicht mehr und stand auch auf keiner Bühne, blieb dem Film jedoch als Vorsitzende des Auswahlgremiums für den Bayerischen Filmpreis verbunden.

Ruth Leuwerik und Dieter Borsche in *Königliche Hoheit*, 1953

Kohlenhalde im Ruhrgebiet

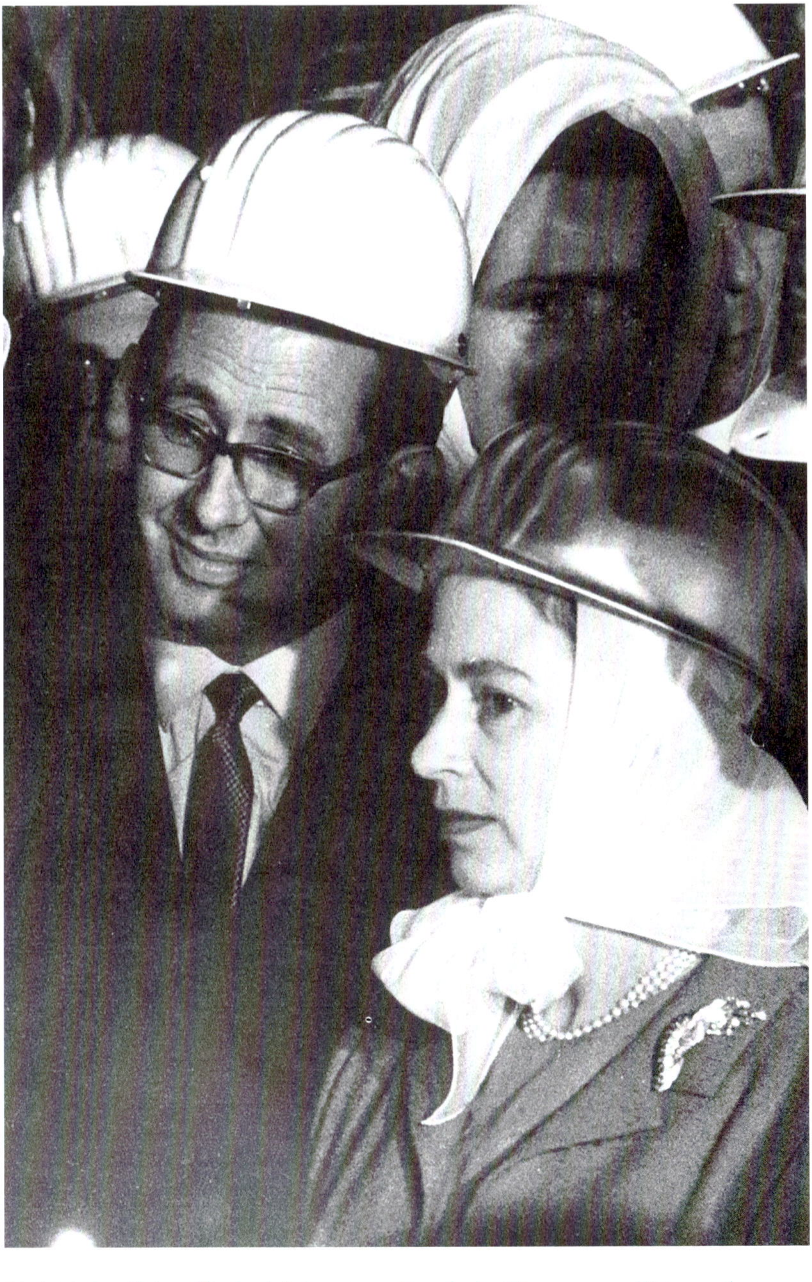

Die britische Königin Elizabeth II. bei einem Besuch des Mannesmann-Hüttenwerks in Duisburg, 1965

Elisabeth
Volkmann

ELISABETH VOLKMANN

KOMÖDIANTIN UND CHARAKTERDARSTELLERIN

Grell geschminkt, engbemiedert und mit riesigen Lockenwicklern im flammendroten Haar – wer in den 1970er-Jahren einen Fernseher hatte, kam an der Figur der latent-lüsternen und anzüglich-kalauernden Mutter Jolanthe in der erfolgreichen Klamaukserie „Klimbim" kaum vorbei. Für Elisabeth Volkmann (1936–2006) bedeutete die von 1973 bis 1979 wöchentlich auf dem Programm stehende Sendung mit bis zu 17 Millionen lachenden Zuschauern pro Folge den Karrieredurchbruch. Viel von dem, was die Rolle erforderte, brachte die Schauspielerin bereits mit: Das Eitle, Laute und Lebendige entsprach ihrem Naturell. „Sie war immer etwas aufgeregt, immer ein paar Volt zu viel", erinnert sich ihr Kollege Wichart von Roëll. Für den passenden Jolanthe-Tonfall orientierte sich Elisabeth Volkmann nach eigenen Worten an der Ausdrucksweise ihrer Mutter: „Meine Mutter hatte immer so eine Art zu reden: ‚Ach Elsbeth, jetzt pass auf!', ‚Ach, was sollen die Männer denken.'"

»Ich bin eine Komödiantensau: Wenn es mir schlecht geht, sorge ich im Theater für die größten Lacher.«

Elisabeth Volkmann

1936 in Essen geboren, leistete „klein Elsbeth" nach dem frühen Tod des Vaters 1948 schon als Kind mit kleinen Komparsenrollen am Theater einen Beitrag zum Einkommen der nun noch vierköpfigen Familie und organisierte den Haushalt, während die Mutter arbeitete. In ihr keimte der Wunsch, Opernsängerin zu werden. Die Mutter hatte Einwände – Elisabeth ein Stipendium. An der Folkwangschule in Essen wurde sie zur Sopranistin und Schauspielerin ausgebildet. Engagements führten sie nach München, Berlin, Hamburg, Zürich und Nürnberg. Sie drehte erste Filme für das Kino. Als aber nach dem Ende der 1960er-Jahre gute Angebote ausblieben, spielte sie bis Anfang der 1970er-Jahre in 20 erotischen Filmproduktionen wie „Hausfrauenreport" mit. Mit „Klimbim" wurde Elisabeth Volkmann dann endgültig auf die Rolle der leicht bekleideten, frivol-schrägen Rothaarigen festgelegt. Erst Rainer Werner Fassbinder holte sie in den 1980er-Jahren mit Charakterrollen in Filmen wie „Lili Marleen", „Lola" oder „Die Sehnsucht der Veronika Voss" von diesem Image weg. Ihr unverwechselbares Organ stellte sie unter anderem seit 1991 als schrille deutsche Synchronstimme von Marge Simpson in der US-Zeichentrickserie „The Simpsons" zur Verfügung.

Disziplin und Professionalität waren das Erfolgsrezept von Elisabeth Volkmann. Zweimal war die Schauspielerin verheiratet, zweimal wurde sie Witwe. Als ihr zweiter Mann Eberhard Radisch 2004 nur zwei Jahre vor ihr starb, setzte sie keinen Tag mit den Proben aus und ließ sich die Trauer nicht anmerken – Privates und Berufliches hielt sie streng auseinander.

1973 startete die erste erfolgreiche deutsche Comedy-Fernsehserie *Klimbim* mit dem kriegsversehrten Opa Benedikt (Wichart von Roëll), der schrillen Mutter Jolanthe (Elisabeth Volkmann), dem schwachen Vater Max (Dieter Augustin), Horror-Tochter Gaby (Ingrid Steeger) und Horst Heinrich.

Gerburg
Jahnke

GERBURG JAHNKE

LUSTVOLLER TABUBRUCH

Wer Gerburg Jahnke (*1955 in Oberhausen) sagt, kommt an den „Missfits“ nicht vorbei. Als ein Teil des Kabarettduos stand sie 20 Jahre lang gemeinsam mit Stefanie Überall (*1959 in Mülheim/Ruhr) auf der Bühne. 1985 hatten die beiden Germanistikstudentinnen das freie Theater Missfits im Oberhausener Kulturzentrum Altenberg gegründet. Im Umfeld der alternativpolitisch-frauenbewegten Szene, die hier einen Platz gefunden hatte, entwickelten sie Stücke in der Sprache des Ruhrgebiets: sarkastische Kommentare zu alltäglichen Verhaltensweisen von Männern und Frauen, die 1988 in ihrem ersten Kabarettprogramm „Eine Frau ist eigentlich ein Mann, nur eben ein weiblicher“ mündeten. Von nun an verliehen die Missfits mit ihren abwechslungsreichen Darbietungen aus Gesang, szenischen Einlagen, Comedy-, Revue- und Slapstick-Elementen dem Genre neue Impulse. Das Duo avancierte mit seinem weiblichen Humor erst zum Geheimtipp, dann zu den profiliertesten Frauen der deutschen Kabarettszene.

»Wennze weiß, watte wills, musse machen, datte hinkomms«

Aus dem Missfits-Text zum Cat Stevens-Song „Father and Son“

Häufig spielten die Ruhrpott-Weiber sich selbst oder griffen auf das Repertoire ihrer skurrilen Alter Egos zurück. Aus den unterschiedlichen Perspektiven ihrer Figuren beleuchteten sie mit geballter Ironie und anarchistischen Sprachspielereien die Absurdität mancher Alltagsprobleme. Wonnevoll offensiv und herzerfrischend klagend, lästernd oder lachend sezierten die Missfits ihre Lieblingsthemen: das Älterwerden, die weibliche Eitelkeit, Frauenleiden, den Geschlechterkampf, die Schwächen der Männer und immer wieder

Sex. Dafür wurde das Duo mit dem Leipziger Löwenzahn (1991), dem Salzburger Stier (1992), dem deutschen Kleinkunstpreis (1993) und Tegtmeiers Erben (1999) ausgezeichnet. Mit der sechsteiligen Serie „Der Tod ist kein Beinbruch" waren die Missfits 2002/2003 auch im Fernsehen zu sehen. „Letzte Runde" lautete der Titel des Programms, mit dem sie sich 2005 von der Bühne verabschiedeten.

FRAU JAHNKE ERFINDET SICH (FAST) NEU

Frau Jahnke, wie sich Gerburg Jahnke nun nennt, macht seitdem solo weiter und ist umtriebig wie eh und je. Für den WDR moderiert sie seit 2007 als Gastgeberin die „Ladies Night", eine Comedy- und Kabarettshow in ausschließlich weiblicher Besetzung. 2008 war sie erstmals wieder in dem Kabarettprogramm „Lappen weg. Frauen ohne Regeln" auf der Bühne zu sehen, zusammen mit Andrea Bongers, Francesca de Martin und Jutta Jahnke. Dass sie auch als Regisseurin erfolgreich ist, beweisen Produktionen wie „Frauen allein zu Haus. Witwendramen" (2005), „Ganz oder gar nicht" (2006) oder „Pommes" (2016) in Oberhausen, „Heiße Zeiten. Die Wechseljahre-Revue" (2010), die bundesweit mehr als 250.000 Zuschauer in die Säle lockte, „49½ SHADES! Die Musical Parodie" (2014) oder „Höchste Zeit. Vier Heldinnen im Hochzeitsrausch" (2016). Es sind konsequente Fortsetzungen der Missfits-Themen. „Es gibt einen Stil, der durch uns geprägt worden ist, und ich werde meinen Teil des Stils nicht verleugnen. Warum auch, das war gut", erklärt sie in einem Interview. Seit einigen Jahren bietet Gerburg Jahnke Kolleginnen aus Kabarett, Comedy und Entertainment eine Plattform für weiblichen Humor und tourt mit ihrer Show „Frau Jahnke hat eingeladen – ma gucken wer kommt!" durch die Republik und die ARD-Fernsehanstalten. 2016 erhielt sie den Ehrenpreis des renommierten Prix Pantheon und den Tana-Schanzara-Preis.

Ladies Night: Gerburg Jahnke (Mitte) in ihrer rein weiblich besetzten Kabarett- und Comedyshow, mit Lioba Albus, Nessi Tausendschön, Lizzy Aumeier und Simone Solga.

ORIGINALE

DIE THEKEN-REGENTINNEN

Es gibt sie in jeder Ruhrgebietsstadt als festen Bestandteil des Alltags. Wer in den 1950er- oder 1960er-Jahren geboren wurde, kann sich eine Kindheit und Jugend, aber auch das weitere Leben ohne sie nicht vorstellen: die Bude. Vor allem aber waren Damen hinter dem kleinen Schiebefenster und der Theke wahre Institutionen und Respektspersonen ohne Allüren. Sie machten die Bude zum Nabel, zum Lebensmittel- und Anziehungspunkt der Siedlung oder des Straßenzuges. Die Bude mit ihrer Regentin nahm und nimmt eine wichtige soziale Funktion ein, sie war Anlaufstelle und Kommunikationsort. Wer Milch, Zigaretten, Informationen, Zuwendung oder Lebensweisheit brauchte, der kam und kommt hierher. Ähnliche Institutionen schufen Besitzerinnen guter, alter Eckkneipen und manche Bäckers- oder Metzgersfrau im Revier. Ihre Schicksale und Lebensläufe ähnelten sich oft und waren ganz typisch für das Ruhrgebiet.

Die Bude (woanders auch Büdchen, Trinkhalle, Selterbude oder Kiosk genannt) hat eine lange Geschichte. Seit dem späteren 19. Jahrhundert wurde in Selterbuden in Fabrik- oder Zechennähe eben Selterswasser an durstige Fabrikarbeiter oder Bergleute ausgeschenkt, um die trockenen Kehlen mit anderem „Löschwasser“ als mit dem Bier der nahen Kneipen zu benetzen. Die Bude im Ruhrgebiet diente nach dem Zweiten Weltkrieg zahlreichen Kriegsheimkehrern oder Bergmannswitwen als Existenzgrundlage, aus vielen wurden mit der Zeit regelrechte Kaufläden im Miniformat. Die Kundschaft bestand aus den Bergleuten oder Arbeitern auf dem Weg zur Schicht, die sich hier mit Mettbrötchen oder Rollmops versorgten.

IMMER DA – FÜR ALLE

Hömma, hasse schon gehört? – Nach Feierabend wurde die Bude zum beliebten Treffpunkt, an dem die Weltpolitik genauso wie Neuigkeiten aus der Nachbarschaft erörtert wurde, Pilsken dazu. Nach Ladenschluss war die Bude für Nachtschwärmer da und hatte Mutti die Milch vergessen, kein Problem, die gab es hier ebenfalls. Abends oder am Samstag wurden Kinder mit der Einkaufstasche bewaffnet „ma ehmt anne Bude“ geschickt, Bier und Zigaretten (gesprochen: „Zaretten“) zu holen. Für die Größeren bot sich hier die Gelegenheit, mit klopfendem Herzen die ersten eigenen Zigaretten („Is für mein Vatta“) zu kaufen – meistens durchschaute die Herrscherin des bunten Wunderlandes die Finte, auch kannte sie das wahre Alter der Nachbarsblagen und wirkte erzieherisch ein. Neben Zeitungen mit großen Buchstaben und Fußballsammelbildern war auch immer die neue Ausgabe der Jugendzeitschrift mit der praktisch bebilderten Aufklärungshilfe parat. Was aber die Augen aller gleichermaßen leuchten ließ, waren die Glasbehälter mit den „Klümpkes“, Süßigkeiten in allen denkbaren Farben und Formen, die aus der grauen Papiertüte einzigartig gut schmeckten. Pfennigweise wurde eingekauft, manchmal das ganze Taschengeld für den Genuss verprasst, und einzeln wurde mit der Zange ins Tütchen abgezählt: süße Teufel, Brause in bunten Plastikstangen, Kaugummi und Zuckererdbeeren.

Kioskbesitzerinnen und Kneipenwirtinnen im Revier, unabhängige, resolute Einzelkämpferinnen, verkörpern beste weibliche Ruhgebietstugenden: Sie wissen unglaublich viel und halten dicht, ziehen dezent die Strippen und sind einfach zur Stelle, packen ohne viele Worte an oder hören zu, wenn man sie braucht. Sie sind für andere da, ohne auf die Uhr zu sehen, auch, wenn alles andere geschlossen hat. Lebensklug, unerschütterlich, immer lösungsorientiert und hilfsbereit gehen sie ihren Weg durchs Leben und nehmen andere gleich fürsorglich mit.

TRINK
Coca-Cola
EISKALT
ERFRISCHUNGEN
TRINK
Coca-Cola
EISKALT

Emmy Olschewski

Emmy Olschewski 1976 umringt von begeisterten kleinen Kunden vor ihrer Bude, Schweriner Straße 10 in Castrop-Rauxel.

KOMMA BEI DIE MUTTI

EMMY OLSCHEWSKI, AUGUSTE KINSKI UND ELFRIEDE FEY

Emmy Olschewski Die 1904 aus Schlesien ins Ruhrgebiet ausgewanderte Anna Hoffmann verlor 1908 ihren Mann, Bergmann auf der Zeche Graf Schwerin in Castrop-Rauxel, durch einen Arbeitsunfall mit nachfolgender Lungenentzündung. Der zweite Mann starb ebenfalls früh und die schmale Witwenrente musste aufgebessert werden, um sich und sieben Kinder über die Runden zu bringen.

So kam es, dass Anna und später auch ihre Tochter Emmy (1904–1998), verheiratete Olschewski, zunächst Gemüse auf dem Castroper Markt verkauften. Dann versorgte Anna in einer Bude an ihrem Wohnhaus in der Schweriner Straße 10 die Nachbarschaft zuverlässig mit Selterswasser, Bier, Zigaretten und Süßem, später auch mit Lebensmitteln. Vor allem die resolute und tatkräftige Emmy aber hatte in der Bude als Dreh- und Angelpunkt der Bergmannssiedlung ihre Berufung gefunden. Der Kiosk wurde ihr Lebensinhalt und die Castrop-Rauxeler Institution war immer, unter allen Umständen und nur mit seltenen Ausnahmen geöffnet. Diese Ausnahmen bildeten die Geburt ihrer Tochter Ursula 1926, der Tod der Mutter 1942 oder der einzige Urlaub 1968 – ansonsten war Emmy Olschewski bis zu ihrem 91. Lebensjahr 1995 mit Leib und Seele für die Nachbarn da: mit Lebens- und Genussmitteln, mit Ratschlägen für alle Lebenslagen inklusive Eheproblemen, ja sogar mit Krediten – dagegen kam kein Supermarkt an. Hinter der Bude trafen sich Kaninchen- und Taubenzüchterverein. Was im Verkauf fehlte, wurde aus

»Die Oma war alles: Bank, Tante-Emma-Laden und Eheberaterin.«

Ihre Enkelin über Emmy Olschewski

dem heimischen Vorrat genommen, während des Zweiten Weltkriegs wurde viel improvisiert und auch schon mal Selbstgestricktes getauscht, um das Warenangebot aufzupeppen. Als die Zeche 1961 schloss, wurde es ruhiger um die Bude und Emmy Olschewski verpachtete sie, um selbst eine Heißmangel zu eröffnen. Nach dem Tod ihres Mannes 1967 stieg Emmy aber wieder in „ihr" Geschäft ein. Die letzten drei Jahre ihres Lebens hatte sie die Bude an einen Nachbarn verpachtet. Es hätte sie gefreut zu erfahren, dass die komplette Bude vom LWL-Industriemuseum abgebaut und erhalten wurde; sie wird seitdem in Ausstellungen gezeigt. Am Haus in der Schweriner Straße sind noch Spuren davon zu sehen, wo sie einmal gestanden hat.

Auguste Kinski Wie so viele kam Auguste Rekowski (1882–1956) um die Wende zum 20. Jahrhundert auf der Suche nach Arbeit aus Ostpreußen ins Ruhrgebiet. Sie wurde zunächst Dienstmädchen in Erle, heute Gelsenkirchen; der Ehe mit dem Bergmann Friedrich Kinski entstammten zwölf Kinder. Die Großfamilie, inzwischen war man nach Gelsenkirchen-Horst gezogen, wollte ernährt werden und das auch, als Friedrich in den Ersten Weltkrieg zog und auch, nachdem er im Zweiten Weltkrieg gefallen war. Auguste, zupackend-robust und selbstständig, übernahm die Verantwortung und züchtete Schweine, vermietete Zimmer unter und handelte mit Kurz-, Weiß- und Wollwaren. Schließlich verkaufte Auguste Kinski Fisch auf den Märkten in Horst und Bottrop sowie in ihrem Geschäft in der Devensstraße 76. Die Skulptur einer Marktfrau von Karl August Schreiter, 1956 auf dem Marktplatz an der Harthorststraße in Horst-Süd eingeweiht, steht für all die toughen Frauen, die ihre Familie – und die Nachbarschaft gleich in einem – mit ihrer Hände Arbeit und ungebrochener Energie schonungs- und klaglos durch die Zeiten brachten. Für die Horster stellt die Brunnenskulptur Oma Kinski dar, die dies im Besonderen getan hatte und kurz vor Aufstellung der Skulptur verstarb.

Elfriede Fey Diese Kneipe ist Kult und die Wirtin ist es inzwischen auch: An der Hofsteder Straße 17 in Bochum-Hamme lebt Elfriede Fey (*1940) seit über 40 Jahren Ruhrkneipen-Kultur und fürsorgliche Gastfreundschaft mit viel Lokalkolorit. Im Schankraum von Haus Fey (neben der Gaststätte gehört noch ein Hotel mit zehn Zimmern dazu) scheint sich seit Mitte des 20. Jahrhunderts nichts verändert zu haben und das finden heute alle gut so. Hier ist ein Stück Heimat gewachsen und dafür sorgt neben allem Gedöns und Sammelsurium an Theke und Wänden, neben Tischkicker und Zigarettenautomat, Sparclubkiste und Musikbox sowie heimeligem Bier-Rauch-Duft vor allem die patente, mütterliche Wirtin. Persönliche Betreuung ist hier garantiert, eine Speisekarte dagegen sucht man vergebens. Trotzdem hat hier noch jeder sein Fett in Form von Mettbrötkes, Schnittkes oder K-Salat weggekriegt – wer mehr lecker Essen will, muss vorher anrufen. Zu den Kunden zählen bekannte Fußballspieler und Kabarettgrößen, vor allem aber ganz einfach Stammkundschaft über Generationen.

DARF'S EIN BISSCHEN MEHR SEIN?

Elke Heidenreich, selbst in Essen aufgewachsen, hat diesen Frauen mit der Figur ihrer „Metzgergattin Else Stratmann aus Wanne-Eickel" erstmalig 1975 ein Denkmal gesetzt. In Radio- und Fernsehbeiträgen, bei Live-Auftritten und auf Tonträgern sowie in den Buchtiteln „Darf's ein bisschen mehr sein?" (1984), „Geschnitten oder am Stück?"(1985) und „Mit oder ohne Knochen?" (1986) gab sie in schönstem Ruhrdeutsch Beobachtungen irrsinniger Trends preis, sich selbst die richtigen Antworten auf Lebensfragen und analysierte, leicht vereinfachend, die Deutschland- und Weltpolitik. So isset!

VERWENDETE UND WEITERFÜHRENDE LITERATUR (AUSWAHL)

Alberts, Werner: *Uta Ranke-Heinemann. Abschied vom Christentum,* Düsseldorf 2004

Falk, Brigitte, und von Hülsen-Esch, Andrea (Hrsg.): *Mathilde – Glanzzeit des Essener Frauenstifts,* Essen 2011

Friz, Diana Maria: *Margarethe Krupp. Das Leben meiner Urgroßmutter,* München 2009

Friz, Diana Maria: *Bertha Krupp und ihre Kinder,* München 2011

Fremer, Thorsten: *Äbtissin Teophanu und das Stift Essen,* Bottrop/Essen 2002

„Das Leben der Tisa von der Schulenburg", in: Christian Fuhrmeister (Hrsg.): *„Der stärkste Ausdruck unserer Tage". Neue Sachlichkeit in Hannover* (Ausstellung im Sprengel Museum Hannover, 9.12.2001 bis 10.3.2002), Hildesheim 2001

Gall, Lothar: *Krupp. Der Aufstieg eines Industrieimperiums,* Berlin 2000

Gorißen, Stefan: „Vom Handelshaus zum Unternehmen. Sozialgeschichte der Firma Harkort im Zeitalter der Protoindustrie (1720–1820)", in: Bulst, N., Lundgreen, P., u.a. (Hrsg.): *Bürgertum,* Göttingen 2002

Hennies, Rainer, und Daniel, Mauren (Hrsg.): *Frauenfußball. Der lange Weg zur Anerkennung,* Göttingen 2009

Küppers-Braun, Ute: *Macht in Frauenhand. 1000 Jahre Herrschaft adeliger Frauen in Essen,* Essen 2003

Methler, Eckehard, und Methler, Walter: „Henriette Davidis", *in: Veröffentlichungen des Henriette-Davidis-Museums,* Band 10, Wetter (Ruhr) 2001

Hoffmann, Eduard, und Nendza, Jürgen: *Verlacht, verboten und gefeiert. Zur Geschichte des Frauenfußballs in Deutschland.* Weilerswist 2005

Nyland-Stiftung, Köln (Hrsg.): *Henriette Davidis Lesebuch*, Bielefeld 2011

Overbeck, Anne: „Rat und Tat in bunten Tüten. Die Trinkhalle von Emmy Olschweski in Castrop-Rauxel", in: Dietmar Osses (Hrsg.): *Die Bude. Trinkhallen im Ruhrgebiet,* Essen 2009

Probst, Ernst: Luise Hoffmann. *Die erste deutsche Einfliegerin,* München/Ravensburg 2014

Rasche, Thea: *… und über uns die Fliegerei,* Berlin 1940

Rother, Thomas: *Die Krupps,* Köln 2003

Schulenburg, Tisa von der: *Meine dunklen Brüder: als Bildhauerin unter Bergarbeitern,* Freiburg 1984

Städtische Galerie Lüdenscheid (Hrsg.): *Ida Gerhardi. Deutsche Künstlerinnen in Paris um 1900,* München 2012

Stinnes, Clärenore: *Im Auto durch zwei Welten,* Berlin 1929

Stockhecke, Kerstin, und Puschmann, Claudia: *Ida von Bodelschwingh 1835–1894. Ein Lebensbild,* Bielefeld 2007

Strohmeyer, Armin: „Thea Rasche (1899–1971): ‚The Flying Fräulein', in: *Abenteuer reisender Frauen,* München 2013

www.akyuen.de

www.anneliese-brost-stiftung.de

www.deutsche-kinemathek.de/ausstellungen: „Filmmuseum Berlin: ‚Die ideale Frau. Ruth Leuwerik und das Kino der Fünfzigerjahre'"

www.evangelisch.de: „Uta Ranke-Heinemann: Nichts habe ich erreicht“
www.exilarchiv.de: „Hulda Pankok“
www.fembio.org: „Anette Bußmann: Ida Gerhardi“
www.filmportal.de: „Ruth Leuwerik“
www.food-professionals.de
www.frauenruhrgeschichte.de: „Gerta Overbeck, 1898–1977. Eine bedeutende Malerin der Neuen Sachlichkeit“
www.fembio.org: „Gerta Overbeck. Biografie“
www.kulturwest.de
www.manager-magazin.de: „Martin Scheele: ‚Regentin von der Ruhr‘“
www.missfits-fanseite.wilmarenz.de
www.pilotinnen.net: „Evelyn Zegenhagen: Luise Hoffmann – Deutschlands erste Werksfliegerin (aus: VDP-Nachrichten 03/2003)“
www.planet-interview.de: „Akyün, Hatice: ‚Warum muss ich einen Migrationshintergrund haben?‘“
www.ruhr-guide.de: „Die Bude. Trinkhallen im Ruhrgebiet“
www.spiegel.de/kultur: „Zum Tode Elisabeth Volkmanns: Traurige Komödiantin“

BILDNACHWEIS

Umschlagmotiv: ullstein bild – United Archives/Roba Archiv
akg-images: 10/11; Bildarchiv Monheim: 17; bilwissedition: 27, 33; Erich Lessing: 36/37; euroluftbild.de/Hans Blossey: 77; 80, 86 • Hatice Akyün: 122 • Archiv der v. Bodelschwinghschen Stiftungen Bethel, Bielefeld: 104, 106 • Aus: Georg Braun und Franz Hogenberg, Civitates orbis terrarum, Band 3, Köln 1581: 101 • Brost Stiftung, Essen: 118 • DFB, Frankfurt/Main: 74 • Domschatz Essen: 102 • Dortmunder Museumsgesellschaft zur Pflege der bildenden Kunst: 89 • The Food Professionals Köhnen AG, Sprockhövel: 48 • Fotolia/JiSign: 6/7 • Frauen Museum Wiesbaden: 68/69 • Haniel Stiftung, Duisburg: 18 • Historisches Archiv Krupp, Essen: 29, 35 • LWL Landschaftsverband Westfalen-Lippe, Münster: 85; Adrian, Dorsten: 90 • Österreichische Nationalbibliothek, Wien: 42 • Pankok Museum Haus Esselt/Otto Pankok Stiftung, Hünxe-Drevenack: 114, 116 • Privat: 70, 148 • RealFiction Filmverleih/dpa: 64 • Ruhr Museum Essen: 24 • Steffen Schulte-Lippern: 82 • Spaarnestad Photo, Den Haag: 56 • Sammlung Wolf Stegemann: 92 • Süddeutsche Zeitung Photo: RalphH/Timeline Images: 4/5, 22, 125; National Media Museum/SSPL: 41; Alfred Strobel: 52/53, 113; Fotoarchiv Otfried Schmidt: 55; Kurt Schraudenbach: 73, 127, 134; Werek: 94/95; Juergen/Timeline Images: 97; ullstein bild/Timeline Images: 98; Teutopress: 108, 133, 136, 147; Thudichum/Timeline Images: 129; KPA Archival Collection: 130; UPI: 135 • WDR: 58/5, 63, 139, 140, 143 • Stadtarchiv Wetter: 12